¡LA MAGIA SÍ EXISTE!

Y si creemos y actuamos desde el amor, con ella podemos crear nuestra vida ideal, en todos los niveles y aspectos de nuestra vida, sin importar las circunstancias y de manera ilimitada.

Hija adorada y esposo amado: Mi amor por ustedes es real en la ilusión del mundo físico y es real en el mundo eterno del espíritu. Gracias, Dios, por este amor que nos hace UNO. Ustedes son mi inspiración para compartir lo que Dios me ha permitido aprender. Ustedes son la prueba viviente de la magia, que no es otra cosa que el poder del amor de Dios actuando a través nuestro.

Mamita, gracias por ser siempre mi gran modelo a seguir.

Papito, gracias por tu amor infinito y por estar conmigo desde la paz del cielo.

Hermanitos: ¡Gracias enormes por su apoyo permanente, los quiero mucho!

Título original: La Magia Sí Existe
©Carolina Angarita Barrientos, 2019

ISBN 13:978-958-42-7801-2
ISBN10: 958-42-7801-0

Fotografía de cubierta: José Veira

Índice

Prólogo de Santiago Rojas Posada   9

Preámbulo   11

Introducción   17

Capítulo 1.
¿Qué es y cómo encontré la magia?
Mi historia: el vacío en el corazón. ¿Qué es la magia?
Todos somos creadores de nuestra realidad.   25

Capítulo 2.
El primer paso para la magia consciente. Eliminemos los límites
y obstáculos, están dentro de nosotros. Démosles la vuelta a
nuestras creencias. Desaprender para aprender.   37

Capítulo 3.
Activemos nuestros poderes de magos: primero, el poder del
pensamiento, uno de los más poderosos. Nuestra vida ya estará
cambiando incluso antes de que nos hayamos dado cuenta.   55

Capítulo 4.
Activemos el poder de las emociones elevadas,
y la magia de la coherencia. Veremos mucha más magia
pasar en nuestras vidas...   69

Capítulo 5.
Enfrentemos el miedo, estamos listos. El miedo es solo un estado
mental. El amor es el piso en el que nos paramos para vencerlo.
La fe es el antídoto más efectivo y nuestro propósito, el mayor
motivador. Tácticas efectivas.   87

Capítulo 6.
Pasemos a la acción. Tomemos control de nuestra vida.
Decisiones profundas, nuestro plan y los hábitos
que lo hacen posible. Magia consciente en ejecución.   109

Capítulo 7.
Por qué funciona: Esto dice la ciencia detrás de la magia.
La "matriz". Influimos en nuestro ADN y este, a su vez,
en la energía que forma la materia.
La teoría del desdoblamiento del tiempo.   125

Capítulo 8.
Aceleradores para que la magia actúe más rápido
y frenos que la impiden o la retrasan.
Reconócelos y toma el control sobre ellos.   139

Capítulo 9.
Pero ¿cuál es el propósito final de la magia?
Servirnos a nosotros y a los demás desde el amor.
Escuchemos y atendamos el llamado de nuestra alma.   159

Capítulo 10.
Cierre: Tu momento es ahora. Nada te lo impide.
¡Comienza ya a vencer tus miedos y a crear tu vida ideal!   179

Capítulo 11.
Testimonios reales de magia del día a día   183

Prólogo

En la antigüedad la magia se definía como "el control de las fuerzas de la naturaleza" que, junto con la alquimia, entendida esta como "la seducción a los elementos de la naturaleza para que produzcan un resultado por sí mismos", constituían a la vez un arte y una ciencia complejas y poderosas que solo unos pocos tenían el honor de emplear. A los aprendices se les instruía para que desarrollaran cuatro cualidades obligatorias para ejercer estas artes sagradas con amor y sabiduría, siempre al servicio del bien común. Las cualidades eran querer, saber, osar y callar.

Por querer se entendía el anhelo de lograr algo que pudiera parecer imposible para los demás, algo que nadie imaginara que fuera siquiera factible de realizar. Se debía querer con todas las fuerzas, con "cuerpo y alma", comprometiendo sin reparos todo su ser en la meta sublime que se había propuesto.

El saber se refería a renunciar a la ignorancia del que *creía que sabía*, para llegar a la sabiduría del que *sabía que nada sabía*. De esta manera se llegaba a comprender que no era por el conocimiento que se lograba la magia, sino que era el "alma", la parte más sagrada del ser, la que obraba por su cuenta. El conocimiento recibido solo era el preámbulo a la verdadera sabiduría, que llegaba cuando el aprendiz comprendía que solo era un facilitador para que la magia y la alquimia hicieran sus milagros.

El osar estaba relacionado con ir siempre más allá de los obstáculos que se presentaban en la búsqueda, sin importar cuán frecuentes y arduos fueran. El aspirante enfrentaba cada una a una estas adversidades, que reflejaban sus creencias y frustraciones, y con paciencia y constancia traspasaba los límites que la cultura y él mismo se habían impuesto.

Por último, el callar se entendía, entre otras cosas, con no vanagloriarse de haber avanzado, con sobreestimar sus dones y capacidades, con silenciar su personalidad soberbia y orgullosa. Al hacer todo con humildad, la magia y la alquimia más poderosas realizaban a través suyo grandes milagros en la vida. Con gratitud y desapego se avanzaba entonces hacia la siguiente meta, con la certeza de que no se podía controlar el resultado que se esperaba alcanzar. Cada paso era un nuevo inicio, un nuevo ciclo de aprendizaje y de renovación en la vida del aprendiz y en la de todas las personas que resultaban directamente beneficiadas de sus obras.

Estas enseñanzas ancestrales están presentes, en un lenguaje sencillo y moderno, en esta obra. El que las lea con espíritu de niño y las realice, descubrirá asombrado que estas páginas encierran más realidad que la que considera existe en su vida. Comprenderá que *¡La Magia Sí Existe!,* como afirma la autora, algo que sin duda para los que la conocemos de tiempo atrás, en mi caso más de veinte años, es un hecho evidente en su historia.

Carolina, quién vive la magia en su vida, mediante estas páginas nos invita de una manera muy directa y aplicable a hacerla parte de la nuestra.

¡Gracias querida amiga por este especial regalo!

Santiago Rojas

Preámbulo

Siéntense frente a los hechos como niños pequeños.
Prepárense para dejar atrás cada noción preconcebida...
O no aprenderán nada.
T. H. Huxley

Los hombres más visionarios, innovadores y exitosos de nuestra era actuaron con frecuencia guiados por impulsos e intuiciones que están más allá de la lógica y de las reglas establecidas. Incluso más allá de los límites percibidos por el resto de los mortales y los impuestos por nuestra propia racionalidad. Albert Einstein, Steve Jobs, Bill Gates, Elon Musk, Oprah Winfrey, Arianna Huffington y muchos otros se han referido al poder de su intuición y de cómo guiados por ella han obtenido resultados increíbles.

Jobs decía que "la intuición es muy poderosa, más poderosa que el intelecto". Einstein ha sido citado muchas veces con su frase: "La mente intuitiva es un regalo sagrado y la mente racional es un sirviente fiel. Hemos creado una sociedad que honra al sirviente y ha olvidado al regalo". Oprah Winfrey dice que "entre más podamos sintonizar nuestra intuición, mejores somos. Creo que es como Dios nos habla. Con frecuencia les digo a mis amigos: cuando no sepas qué hacer, no hagas nada. Quédate quieto para que puedas oír esa pequeña voz calmada: tu GPS interno guiándote a tu verdadero norte".

Todos estos personajes lograron conectarse consigo mismos y, a través de esta conexión, recibieron ideas o información de una inteligencia superior —Dios para los creyentes— que opera libre de barreras y permite transformar cualquier realidad. La capacidad de conectarse con aquella es fundamental para transformar la realidad y esencial para hacer magia de manera consciente.

La buena noticia es que todos nosotros, creyentes o no, podemos conectarnos. La magia se hace partiendo de cada uno, pero conectados con esa inteligencia de amor. A lo largo del libro les contaré muchas maneras de hacerlo: les propondré que se miren a sí mismos, que escriban, mediten, se pregunten y hagan poderosos ejercicios. El trabajo interior profundo puede ser duro en ciertos momentos, pero será sanador y necesario para la magia consciente, que es muy importante para crear la vida que queremos.

Alguna vez escuché a alguien decir que uno encuentra perlas valiosas para la vida en el lugar en donde toma la decisión de encontrarlas. Esto lo aplico a diario y lo recomiendo. Si vamos a una charla, por ejemplo, y de entrada empezamos a criticar al conferencista, probablemente no salgamos con nada, sin ninguna perla que nos sirva para nuestra vida. Si, por el contrario, independientemente de nuestro juicio sobre quien presenta la conferencia, decidimos llevarnos una hermosa perla, una como mínimo, con seguridad la encontraremos.

En este libro les comparto las perlas más importantes que he encontrado en mi proceso para salir de la crisis y en mi camino de crecimiento personal y espiritual. Traigo la pulpa de todos los cursos, conferencias, talleres, libros, videos, películas, podcasts, etc., a los que he asistido en diferentes lugares del mundo o que he tomado de manera virtual. Va, sobre todo, lo que he probado y con lo que he tenido resultados exitosos. Lo hago con la ilusión de que entre todas estas perlas que he ido recopilando, ustedes encuentren las que les ayuden a crear su vida ideal. Les mencionaré autores, conferencistas, libros de mis mayores maestros, que aconsejo con el corazón. Además, les recomendaré meditaciones, herramientas y ejercicios que me sirvieron mucho.

Antes acepten, por favor, seriamente esta invitación y cito las palabras del científico británico Tomas Henry Huxley: "Siéntense frente a los hechos como niños pequeños. Prepárense para dejar atrás cada noción preconcebida... O no aprenderán nada". Confío en que lo harán, pues no estarían leyendo un libro cuyo título contradice lo que tantas veces nos han repetido, que "la magia no existe". Si llegaron a esta obra es porque su alma, así no sean conscientes de eso, sabe que sí hay magia... ¿no es cierto?

Comienzo entonces a dejar fluir mi libro. Lo hago en medio de mi luna de miel en la isla-paraíso de Providencia, en el Caribe colombiano, donde siento con mucha fuerza la magia de Dios. Escribo guiada por esta intención profunda de transmitir, con amor y humildad, lo que he aprendido sobre la magia. Me acompaña el hombre de mi vida. Juan llegó a mí por la magia del amor, la magia de Dios. Les contaré cómo la activamos los dos, cada uno por su lado, para que quienes están en busca del amor del alma, utilicen este proceso con fe.

Estar en Providencia con él frente al mar de siete colores —una maravilla de la naturaleza que nos muestra franjas de siete y más azules aguamarina, con un colorido único e intensidades que superan cualquier efecto de cine— me lleva indudablemente a la evocación de un ser de amor, esa inteligencia superior, que creó este planeta. El amor y la bondad humana también me llevan directamente a Él. Medito y me dejo llevar por el sonido del mar. Va y viene como mi respiración. Siento mi corazón expandirse mucho más allá de mi cuerpo; una energía que me rodea y cosquillea sobre mi pecho. Me concentro en ella y me dejo llevar por la felicidad del momento. Siento plenitud y gozo interior. Me siento agradecida y completa.

Por medio de preguntas durante la oración o meditación llegamos a respuestas increíbles. La pregunta máxima para mí: ¿A qué vine yo al mundo? ¿A qué vino mi espíritu? Mi corazón la responde y reitera con certeza en meditación. Creo firmemente que todos venimos al mundo a servir, y la manera particular de hacerlo de cada uno de nosotros es nuestro propósito, lo que nos hace únicos y tremendamente especiales. A este mundo han llegado almas guerreras que luchan desde diferentes oficios y profesiones por nosotros, almas defensoras que nos protegen, almas sanadoras que nos tratan y curan de enfermedades físicas y mentales por caminos diferentes, almas artistas que nos llevan a la trascendencia a través de la estética, almas que nos entretienen y nos desconectan de los problemas como las de los deportistas, actores, cantantes, artistas de todo tipo, etc., almas educadoras, almas cuya misión principal es la comunicación, y muchas otras. Yo, como muchos de mis amigos actuales a los que la vida me ha acercado, siento en el corazón que vine comunicar, a enseñar, a ser instrumento del amor de Dios a través de la comunicación escrita y hablada, para transmitir el poder que tenemos de crear nuestras propias vidas, ¡la magia!

Cierro la meditación y siento la necesidad, ese impulso de pararme a escribir. Me dejo llevar en el teclado. De muchas maneras creo que Dios nos utiliza, a los comunicadores, para multiplicar su mensaje a todos, independientemente de cualquier religión. Entramos por momentos en una especie de conexión con Él y solo recibimos mensajes de luz y de amor para transmitir; nos convertimos en instrumentos que buscan iluminar caminos para ayudar a cambiar a quienes lo necesitan y a que se reencuentren con su alma, con su esencia, con Dios en su corazón.

Con humildad replico los mensajes de amor que recibo en el alma y evito que se detengan en mi mente para que no se contaminen. Con humildad me entrego, literalmente, para transmitir las palabras de amor de Dios. Pongo mis manos al servicio de mi corazón, dejo que estas fluyan sobre el teclado directamente. Dios está cada vez más cerca de todos, cada vez toca más almas, al margen de si está presente o no alguna religión. Dios es amor y está conquistando corazones que empiezan a recordar su origen, su esencia, su casa verdadera. Estos despiertan poco a poco, como un ejército que se levanta a unirnos a todos los seres humanos, en amor, respetando las diferencias, con inclusión verdadera a los marginados, relegados, separados.

Así, sintiendo la magia de Dios, comienzo a escribir mi libro sobre la magia que tenemos todos y que nos permite, sin importar las circunstancias externas, crear nuestra vida ideal.

Introducción

Tú creas tu propio universo conforme vas caminando.
Winston Churchill

Hoy digo con convicción que soy afortunada y bendecida. He tenido carencias, sufrimiento, dolor en mi vida y momentos fuertes, como todos. He llorado con dolor del alma muchas veces, me he sentido rota en pedazos y muchos días no he tenido fuerzas para levantarme de la cama. Toqué fondo más de una vez, pero siempre pude darles la vuelta a las situaciones y reconstruirme desde las cenizas hasta lograr que mi vida sea hoy esa que siempre había soñado. Cualquiera que tenga la voluntad puede hacerlo usando la magia, tal y como lo hice yo.

En este proceso doy gracias por la oportunidad de haber aprendido directamente de los grandes maestros Wayne Dyer, Gregg Braden, Joe Dispenza, Immaculée Ilibagiza, Anita Moorjani, Robert Holden, Brendon Burchard, Doreen y Charles Virtue, a través de diferentes cursos, conferencias, talleres. También recibí lecciones de otros como Vishen Lakhiani, Neale Donald Walsch, Marisa Peer, Lisa Nichols. En lo cotidiano puse en práctica muchas de sus enseñanzas y las de libros mágicos como *Un curso de milagros,* entre muchos otros. Este es el conocimiento que quiero compartirles con todo el amor porque funciona, ¡de verdad!

¿Podemos vencer nuestros miedos y crear nuestra vida ideal? Sí, se los digo con certeza. Lo he hecho y lo sigo haciendo, y acá les contaré cómo lo pueden hacer ustedes también. Reitero: todos, sin excepción, podemos. No importan las circunstancias externas, ni materiales, ni de salud, ni familiares ni cual sea su contexto o historia, no tienen que ser hijos de nadie ni herederos. Nada importa salvo su deseo profundo, su sólida convicción y decisión de cambio basados en el amor por ustedes mismos, el deseo de ser mejores humanos y de servir, traducido en un compromiso y una disciplina reales para transformar su vida. Lo llamo hacer magia porque eso parece exactamente. Es un proceso con el que se consigue lo que parece imposible y de maneras que uno nunca logra imaginar o anticipar. Así, pues, esta es una invitación para sacar al mago interior que todos tenemos desde que nacemos.

Al hacer memoria, mirar hacia atrás, concluyo que somos magos desde niños. Con lo que he aprendido, ahora recuerdo que yo lo era y la magia de la que les hablo es la misma en la que creía desde pequeña. ¿Les resuena esto? ¿Recuerdan haber creído en la magia cuando eran niños? Somos magos poderosísimos y muchos lo sabemos desde niños, pero al crecer y volvernos grandes y serios se nos olvida. Nos metemos en la complejidad de la vida y nos ahogamos en los problemas del día a día... y cuando menos nos damos cuenta estamos hasta el cuello por el estrés, la ansiedad, las obligaciones, la rutina, en fin, la infelicidad. ¿Y la magia? No aparece por ninguna parte, ni nos acordamos de ella.

Respiren hondo, cierren los ojos si lo desean y viajen en el tiempo a su niñez. Busquen recuerdos de esa magia... Yo tenía, por ejemplo, algunos trucos que nunca fallaban: sabía que al cantar "Sol, solecito", siempre, siempre, siempre, salía el sol. Lo olvidé durante muchos años: crecí, me volví seria y todo eso que supuestamente llega con la adultez. Con la llegada de mi hija, afortunadamente, recuperé del fondo de mi alma partes de mi niña escondida. Con ella y con mi esposo cantamos ahora el "Sol, solecito" con fe y hasta ahora nunca nos ha fallado.

A los ocho años aprendí otro truco poderoso y efectivo que me ayudó a pasar sana y salva mi época del colegio. Durante varios años no fui precisamente la más dedicada al estudio y a las tareas (espero que mi mamá no me jale las orejas con efecto retroactivo). Este era mi truco: llegaba corriendo a la misa que había todos los días a primera hora en el colegio y comulgaba. Con la hostia en la boca le pedía con fervor y convicción a Dios que ese día no me hicieran el examen o no me pidieran la tarea que no había hecho. Una vez terminaba este pequeño ritual me sentía segura. ¡Esta magia nunca fallaba!

A lo largo de la vida la magia me enseñó muchas cosas que van en contravía de la lógica. Aquí les mencionaré algunas:

1. Si compartimos lo que tenemos, nos rinde más. Entre más damos, más recibimos y este círculo glorioso es infinito.
2. Cuando no hacemos cuentas obsesivamente ni estamos encima de cada centavo pretendiendo controlarlo todo, pero tenemos fe, el dinero se estira y alcanza.
3. La abundancia es ilimitada y nadie tiene que tener menos para que otro tenga más. Literalmente todos podemos tener mucho más.
4. El tiempo se puede alargar. Normalmente el esquivo tiempo vuela y desaparece porque nuestra mente y corazón no están en el momento presente. De repente algunas semanas y meses se pierden como por entre un tubo. Nos preguntamos ¿a qué horas ya llegó Navidad? Y siempre decimos: ¡Otro año que se va! ¡Cada vez pasa el tiempo más rápido! Pues les cuento que aprendí y probé, una y otra vez, que el tiempo también puede estirarse cuanto estamos absorbiendo plenamente el ahora. Yo, conscientemente, decido atrapar el instante que no quiero que se acabe, lo siento con cada uno de mis sentidos y así lo

vivo plenamente para grabarlo en mi memoria con la mayor cantidad de detalles de audio y video. Me fijo, huelo y oigo todo, grabo en mi disco duro texturas, sabores, detalles mínimos de lo que veo, de lo que siento y no dejo que mi mente se distraiga ni un segundo. Esos momentos son tesoros que nadie me quitará y que, además de que me permiten estirar el tiempo, me servirán para traerlos al presente en momentos difíciles, de tristeza, cansancio o estrés.

5. El trabajo ideal se puede hallar: cuando encontramos nuestro propósito en la vida y nos conectamos decididamente con este, la magia nos pone delante todo lo necesario para cumplirlo.

6. El amor y la pareja ideal también pueden hacerse realidad cuando vibramos con todo nuestro ser en frecuencias de amor profundo, generoso, desinteresado, desapegado, sin control ni obsesión; con el deseo profundo de dar al otro lo mejor y que sea muy feliz.

Con la magia logré transformar mi vida. Pude crear mi sueño y así seguir este proceso de creación consciente y constante. Es tan poderosa que es imposible no compartirla con todos ustedes para que transformen sus vidas. Como les contaba, estoy casada con el hombre de mi vida, somos inmensamente felices y nos amamos como el primer día. Siento que me completa y que somos uno solo. Es tal cual lo soñaba. Creo que, si lo hubiera pedido en Amazon, con todas las especificaciones posibles, no habría sido tan perfecto para mí. Antes de esto, como todas las personas, sufrí por amor y besé varios sapos antes de que llegar al príncipe que, en muchos momentos, me parecía imposible de encontrar. Ni siquiera sabía dónde buscar y no se me ocurría tampoco cómo podría conocer a alguien de quien pudiera enamorarme hasta el fondo del alma y que, por supuesto, este sentimiento fuera mutuo. Muchas veces llegué a pensar que no había alguien para mí.

Aprendí que imaginar en cómo iban a suceder las cosas era una pérdida de tiempo. ¡Ojo!, esto quiero resaltarlo. Obsesionarnos con el cómo, rumiarlo en nuestro pensamiento como si nosotros controláramos todo racionalmente, aferrados al resultado lógico que suponemos llegará (que, si no pasa eso, entonces nos deprime), todo eso es dejar que nuestro ego nos domine e impida que aflore la magia verdadera, la que hace que las cosas sucedan y nos sorprendan. La magia, detrás de la que está el amor más profundo y puro que es Dios en el que creo, siempre nos maravilla con maneras inesperadas, que nunca hubiéramos predicho ni mucho menos controlado.

Hoy tengo a mi chiquita adorada, la hija que siempre soñé. Ella es una niña alegre, de puras sonrisas y carcajadas contagiosas, segura de lo que quiere. Es inteligente, amorosa, humana, noble, hermosa por dentro y por fuera; pianista, cantante, porrista y bailarina. Es el amor de mi vida y mi mayor maestra sobre el poder creador del amor y el poder transformador de lo simple. Hubo un tiempo en el que parecía que jamás podría ser madre. Me hice varios tratamientos médicos, con muchas hormonas e inyecciones, tuve lágrimas, pérdidas, dolor, frustraciones... hasta que logré soltar el control con fe de verdad, sin obsesión ni apego a resultados, y llegó el milagro. Con la magia operando en su máximo esplendor, apareció esta hermosura de muñeca que me llena el alma. La veo despertar cada día como un ángel, sonreír y luego reír a carcajadas con sus hermosos dientes separados. Me mira y me pierdo en el sinfín profundo de su mirada; la tomo de la mano y al hacerlo siento un corrientazo profundo de energía amorosa que me recorre, y agradezco infinitamente la magia que me permite disfrutarla cada segundo a mi lado.

Trabajo en una gran empresa con propósito, una que busca ayudar a que el mundo sea mejor. En mi trabajo puedo crear y en este proceso siento el apoyo de mi jefe, compañeros y subalternos. Es un lugar lleno de gente con un corazón inmenso, buena de verdad, con ganas de llegar muy alto, con toda la actitud de servicio y con un producto increíble.

Antes de llegar a este puesto tuve momentos muy duros en otras empresas, experiencias laborales con días en los que pararme de la cama cada mañana era una labor titánica y físicamente dolorosa. No sentía ninguna motivación por lo que hacía y tristemente cumplía con las labores porque necesitaba el sueldo para pagar deudas y obligaciones. Mucha gente me ha dicho que siente lo mismo. Que están amarrados a un trabajo que los hace infelices solo por la remuneración económica. Afortunadamente, la magia funciona y todo se puede cambiar.

La magia está presente en nuestras vidas, siempre. Pero, la mayoría del tiempo no la vemos. La usamos inconscientemente. Es por esto que, en varias ocasiones y sin darnos cuenta, crea para nosotros lo contrario de lo que queremos. Por ejemplo, si la mayoría del tiempo estoy quejándome porque la vida es injusta o comparándome con otros porque ganan más o les va mejor, la magia nos dará más de lo mismo: lo repetimos tanto que creerá que eso es lo que queremos crear.

Uno de los grandes aprendizajes de este proceso, que profundizaré en el libro, es que aquello en lo que enfocamos la atención tiende a cobrar una dimensión mayor. Un ejemplo de esto sucede cuando quiero comprar un par de *jeans* o un carro: de repente empiezo a verlos por todas partes, como si se hubieran multiplicado, como si todo el mundo se hubiera puesto de acuerdo para tenerlos al mismo tiempo que yo. De la misma manera, si nos enfocamos en los problemas, las deudas, las injusticias, la frustración, el dolor y nos la pasamos rumiando y rumiando los mismos pensamientos negativos, las emociones de tristeza, de sentirnos poca cosa, poco importantes o incapaces, eso es lo que se expandirá. ¡Es impresionante! Es nuestra magia de creación, pero actuando en contra nuestra por poner el foco de nuestros pensamientos y emociones en lo negativo.

El doctor Joe Dispenza —neurocientífico con el que he estado en cursos maravillosos, a quien recomiendo totalmente y de quien hablaré bastante— dice que "en donde pones tu atención pones también tu energía". Igual sucede con la magia: aquello en lo que se enfocan mis pensamientos y mis palabras, que se traduce en las emociones que siento, logra crear realidades. Si pienso, digo y siento con frecuencia que la vida es injusta, me siento víctima de las circunstancias o de algún otro ser humano, cada vez seré más victimizado. *Ahora, si estás siendo víctima de maltrato físico o emocional, debes tomar las medidas de ley contra el agresor empezando por denunciarlo y buscar urgentemente apoyo profesional.*

Si, por el contrario, en vez de quejarme y sentirme víctima permanente, agradezco cada cosa que tengo y me enfoco en mi completitud, no en lo que me falta, y pienso, digo y siento plenitud —con lo poco o mucho que tenga exteriormente— la magia me traerá aún más, hará que mi vida cada vez me dé más.

Aprender a hacer la magia toma su tiempo, es un proceso que no ocurre de la noche a la mañana. Pero, cuando lo logramos por primera vez y de manera consciente, repetimos y repetimos hasta que no solo se va volviendo más fácil de hacer sino también más poderosa. El primer paso es quizá el más difícil: **desaprender**. Debemos borrar muchas de las cosas que aprendimos cuando pequeños, que tenemos tan arraigadas que funcionan en piloto automático y no somos conscientes de ellas. Pero desaprender y reaprender es la base, el cimiento para construir nuestra nueva vida.

CAPÍTULO 1

¿Qué es y cómo encontré la magia?
Mi historia: el vacío en el corazón. ¿Qué es la magia?
Todos somos creadores de nuestra realidad.

De las dificultades nacen los milagros.
Jean de la Bruyère

Mi historia: el vacío en el corazón.

En 2012 trabajaba en *RCN Televisión*. Era la vicepresidente de programación y mercadeo del canal de televisión líder del país, y quienes me rodeaban me consideraban una "mujer exitosa", llena de razones para "ser feliz". Con frecuencia salía tarde de la oficina hacia mi casa. Una noche bien oscura, en la que iba manejando en piloto automático total bajo una lluvia bogotana —de esas horribles—, al girar para hacer la oreja del puente de la calle 100 con autopista norte me di cuenta de que mi cara estaba bañada en lágrimas. Quedé en *shock* con mi llanto. Estaba tan fuera de mí que no era consciente de lo que estaba pasando. No tenía idea de porqué lloraba.

Mi respuesta fue mecánica, mi mente lógica se activó con toda su fuerza y abrió la lista de chequeo de mi vida para repasar temas y buscar qué era lo que me estaba provocando esas lágrimas:

1. Mundo laboral: chuleado. Buen trabajo, buen sueldo, buen jefe, conflictos y cargas normales, largas listas de pendientes, y uno que otro compañero en la oficina con sus conflictos, pero nada para llorar.
2. Mundo familiar: chuleado. Matrimonio estable, con una que otra pequeña desavenencia que no se salía de lo normal y siempre tenía buena resolución; una chiquita hermosa y sana de un año, todo ok.
3. Mundo material: no me faltaba nada. Tenía alimentos, casa, carro y hasta la ropa que quería, mejor dicho, solo me faltaba tener una finca, pero nadie llora por no tener una finca. Además, contaba con familia y amigos que me invitaban a las suyas y así me ahorraba los costos fijos y los impuestos.
4. Salud: no estaba 10/10, pero sí bien en general, un par de kilos de más que con disciplina desaparecería, celulitis que ni modo, nos pasa a todas. Ninguna enfermedad verdadera, historia clínica libre de hospitalizaciones, mejor dicho, ¡muy afortunada!

¿Entonces, Carolina? ¿Por qué lloras? Mi mente me reclamó fuerte, obvio, luego de haberme esgrimido todos los argumentos por los cuales solo tendría que dar las gracias y sonreír. No tenía idea de qué responderle. Mi mente parecía tener razón y yo lo único que sabía era que tenía un vacío doloroso en el corazón. Literalmente sentía un hueco dentro de mí. Una sensación de presión, ahogo y la falta de algo esencial al interior de mi pecho, y no tenía ninguna pista de que podría ser.

¿Alguna vez han sentido algo parecido a un gran vacío en su corazón? ¿Un dolor que no saben explicar, justo en el centro del pecho, que los hace llorar a veces sin razón? Yo lo sentí entonces y descubrí que no era la primera vez. Me pareció hasta familiar, pero no fui capaz de recordar cuánto tiempo llevaba ahí. Decidí prestarle atención al problema de la única forma que conocía, con la mente racional activada de nuevo a toda potencia para buscar una solución práctica y rápida a lo que me pasaba. No veía ninguna, pero estaba dispuesta a rumiar mis pensamientos hasta que apareciera. No duré mucho tiempo en ese proceso.

Pocos días después estaba en la recta final de la firma del contrato con el que concluía exitosamente el mejor negocio que había hecho en mi vida, tenía resultados muy positivos para mi jefe de esa época y para la empresa. Me sentía muy orgullosa. Estábamos en la oficina de unos abogados reconocidos de Bogotá con fresas y champaña listas para el brindis. Me faltaba firmar las dos últimas hojas del contrato cuando entró una llamada de mi papá. Él nunca me llamaba en horario laboral.

—Mi amor, te tengo noticias regulares —me dijo.

—Papá, tranquilo que todo tiene solución.

—Tengo cáncer...

—¿Y qué papá? El cáncer se cura, la ciencia ha avanzado muchísimo, leí que el 88 % de los cánceres se sanan.

—Amor —me contestó tajantemente—, tengo más de veinte metástasis. Un tumor primario de trece centímetros colorrectal y el hígado invadido.

Hasta ahí me llegó el optimismo. No sé cómo me despedí ni cómo le colgué. Rompí a llorar con el alma, halé rápido mi cartera de la silla y salí corriendo a la calle. Algo que tenía contenido estalló dentro de mí. Me vuelvo a quebrar al recordarlo.

En la calle sentí, como en las películas, un viento frío sobre la cara. Y con este caí en cuenta de que en ese momento de nada me servía llorar como una magdalena, tenía que hacer algo urgente. Salí corriendo a la Librería Nacional, compré el libro *Jugos que curan* de la terapia Gerson, con la que mucha gente se ha sanado. En el carro, de camino a ver a mi papá, entre semáforo y semáforo, busqué rápidamente en sus páginas un caso de un cáncer similar, en estado avanzado, que se hubiera curado con esa terapia. Lo encontré. Volé a mi casa a recoger el extractor de jugos para llevárselo a mi papá. Allá le llegué, armada del libro, el extractor y la historia para leerle. Él estaba acostado en su cama con las cobijas tapándolo hasta la nariz. Solo asomaba sus ojitos con esa mirada absolutamente transparente en la que intuimos el alma.

—Nos vamos a curar papá. Mira este caso. Es un cáncer muy similar, el señor se puso juicioso a hacer la terapia de jugos verdes y se curó.

—Bueno amor, yo hago lo que toque para curarme. Empecemos de una vez.

—Gracias papá, ¡te quiero mucho, mucho!

El siguiente capítulo de esta historia fue una conversación con el oncólogo que trataría a mi papá, uno de los más reputados del país.

—Mire —arrancó diciendo— le voy a decir la verdad: el cáncer de su papá está muy avanzado y no hay nada qué hacer. Le vamos a hacer una quimioterapia paliativa, pero no durará más de uno o dos meses. Creemos que su papá puede tener más de cien metástasis. Hable con su familia, váyanse despidiendo de una vez.

Decidí no creerle ni decirle nada a mi familia y seguir adelante con mi plan. La ignorancia es atrevida y, como yo no sabía de cáncer, me llené de valor para desafiar en familia este pronóstico. Lo primero que hicimos fue cambiar toda la alimentación de mi

papá por una alcalina, porque aprendimos que el cáncer es una mutación de células sanas que de repente se encuentran en un entorno muy ácido en nuestro cuerpo y se ven forzadas a mutar para sobrevivir. En sus propios esfuerzos de supervivencia egoísta, las células se pueden convertir en tumores que acaban con todo el resto de sus colegas y, de paso, con nuestra vida y con ellos mismos al final de la historia.

Nos metimos de cabeza a comer más frutas y verduras orgánicas, eliminamos las harinas procesadas y los azúcares, buscamos pescado de río que no tuviera mercurio. El único aceite para preparar comidas fue el de coco y consumimos en cantidades industriales todo lo que leíamos que podía atacar el cáncer: guanábanas, espárragos, cúrcuma, té verde japonés sencha, limón, bicarbonato, chocolate negro sin azúcar, coles y frutos rojos con su ácido elágico anticancerígeno.

¿Adivinen qué pasó? Lo primero que pasó con la nueva alimentación fue que mi papá se empezó a embellecer. La piel de la cara se le puso hermosa. Bajó barriga, cachetes y en general perdió unos kilos que había ganado con los años, que claramente le estaban sobrando. Se veía muy bien. Salía a la calle y la gente le decía: "¡Pacho, como estás de bien, hombre!". Lo veían mejor que nunca, *un hombre invadido de cáncer* se puso hermoso. El antígeno carcinoembrionario (el marcador sanguíneo de tumores) empezó a bajar. Una persona normal lo tiene entre uno y cuatro, si es fumador puede llegar hasta ocho. Mi papá en un momento dado llegó a tener un pico de ¡tres mil!

Nombramos al doctor Santiago Rojas, reconocido médico holístico y amigo del alma de hace varios años, como nuestro director médico familiar. Él nos filtraba toda la información que leíamos, que nos daba la gente con la mejor buena voluntad, para tomar solo lo que realmente podría servirle a mi papá. Además, Santiago hacía su magia sanadora con él con la frecuencia debida. Logramos así que el dichoso antígeno bajara y bajara y bajara hasta que estuvo en menos de doscientos. Lejos de lo ideal, pero ¡qué felicidad! Mi papá seguía mejorando, con su piel hermosa, rejuveneciendo. De repente, su diabetes de los últimos ocho años desapareció. Todos esos resultados nos daban mucho ánimo. ¡Y el ánimo sí que es sanador!

Luego nos concentramos en su salud emocional. Miedos, ansiedad, estrés, apegos, dependencias..., todo eso que sentimos todos los seres humanos en mayor o menor grado, pero que se alborota cuando estamos enfermos y más si es de algo grave. La fórmula con amor y desde el amor podría estar conformada por los siguientes elementos: hablar, enfrentar, compartir, buscar ayuda de profesionales, tener mentalidad positiva y de sanación, y mucha fe familiar. Mi papá seguía mejorando, su antígeno bajaba y su ánimo se mantenía. Faltaba a quimio por armar viajes buenísimos con mi mamá y de cada paseo llegaba mejor. El oncólogo le decía: "Pacho, ¡qué se está haciendo que parece un lulo!". Esa expresión bogotana suena rara pero el lulo es una fruta deliciosa, y era un gran piropo.

De la salud emocional pasamos a tratar a mi papá en lo que hoy llamo *salud espiritual*. A diferencia de la familia, mi papá era ateo por pura racionalidad, y decía que por el hecho de tener cáncer no iba a empezar a rezar. Así que, por el camino de la religión no hubiéramos podido avanzar.

Pero, definitivamente la *salud espiritual* es otra cosa: tiene que ver con la motivación y el sentido de propósito en la vida. Y ahí sí que conectamos a mi papá, a través del amor profundo que sentía por sus cuatro hijos y cuatro nietos que le llenaba el alma. ¿Adivinen qué otra vez? Con esta exaltación del amor en su corazón, el antígeno seguía bajando y llegó a estar por debajo de 100. ¡Yupi!

Un día, dos años y varios viajes escapando de sesiones de quimio después del diagnóstico inicial que nos mandaba a despedirnos, mi papá nos dijo que ya sentía haber cumplido su ciclo en esta vida y que quería irse.

—¡Pero papá! ¡No digas eso, no ves que, si lo dices, ahí sí tu cuerpo, tu mente y tu alma van a dejar de luchar y ahí sí va a venir el cáncer que vemos en la televisión, en tantas personas conocidas, con dolor y agonía y todas esas cosas horribles! No has tenido un solo día de dolor, ni un solo día de clínica, papá, por favor no digas que te quieres ir...

Afortunadamente yo estaba equivocada. Exactamente un mes después de que mi papá nos dijo que se quería ir, apareció un signo fuerte de infección. Así que llamamos al médico y salimos corriendo a la Clínica Marly de Bogotá a ponerle un antibiótico. Se recostó en la camilla de urgencias, con celular en mano para enterarse de los resultados de la carrera donde corría su yegua. De repente volteó a mirar fijamente a la esquina del pequeño cuarto de la sala de urgencias. No sé qué vio porque ya no habló más. En ese momento, salió de su cuerpo pacíficamente y sin dolor… Yo solo vine a entender qué pasaba porque mi mamá entró, lo supo de inmediato y nos lo dijo.

—Papá —su alma aún estaba ahí— vete tranquilo como quieres, acá todos vamos a estar bien, libérate del cuerpo y del cáncer y sé feliz, te queremos mucho, mucho, mucho…

Los tres hijos mayores lo despedimos con las palabras más amorosas que encontramos y lo liberamos en su viaje para que nada lo atara. Mi hermana menor no pudo hablar en ese momento porque las lágrimas no la dejaron, pero lo abrazó intensamente con todo su amor. El 17 de agosto de 2014, a la 1:17 de la mañana, oficialmente Francisco Angarita Urdaneta se fue de este mundo, como quiso y cuando quiso.

A la noche siguiente, mi hermana menor soñó que estaba dormida y que algo la despertaba. En su sueño abrió los ojos, vio lucecitas brillando en su habitación y supo que era papá quien estaba con ella. Ahí pudo despedirse y decirle todo lo que lo quería. Las lucecitas se fueron y el sueño continuó feliz. Esa misma noche todos soñamos con mi papá en diferentes escenas familiares y en todas estaba feliz. Yo lo vi saliendo de la cocina de la casa con esa sonrisa pícara que lo delataba luego de hacer una broma.

Yo creo que esta noche, luego de despedirse de mi hermana, mi papá nos dejó saber a todos que estaba muy bien y pasó al otro lado.

Mi papá se fue. Pacíficamente y sin dolor pasó al otro lado, volvió al hogar. Y luego de despedirlo con todo el amor que se merecía ese papá adorado, me di cuenta de que yo ya no tenía el vacío en mi corazón. Había desaparecido por completo, y en su lugar en mi pecho había una sensación nueva y placentera.

Se fue mi papito y yo volví a mí. Con su cáncer y el proceso de aprendizaje intenso de dos años también me llegó la luz para llenar ese vacío en el pecho. Aún con el dolor de su ausencia, sentí que mi corazón emanaba una energía muy fuerte, y me rodeaba. Sentía cosquillas sobre mi pecho y, literalmente, una energía en expansión. Con esta sensación, también llegó la claridad: con el proceso de la muerte de mi padre había entendido la razón por la cual yo había venido a esta vida.

Entendí que cada paso que había dado —el periodismo, la radio, la televisión, el conocimiento de audiencias, el mundo digital y, finalmente, el mismo cáncer de mi padre— era un movimiento correcto en mi camino de propósito: ser un instrumento de Dios para transmitir y enseñar conocimiento que existe o que nos llega, para servir y ayudar a otros a vivir mejor.

Sí. Con impecable claridad entendí y sentí mi propósito.

El haber encontrado mi razón de existir en este mundo me hacía sentir literalmente el corazón en expansión; me encantaba sentir que de ahí saliera una bocanada de energía que visualizaba en verde brillante y que se proyectaba a mi alrededor. Del vacío, del hueco que me dolía en el pecho, había empezado a sentir —sin darme cuenta— que llenaba espacios fuera de mi cuerpo.

Nací en un hogar maravilloso. Hoy entiendo que todo ha sido perfecto, hasta esas discusiones que cada vez eran más frecuentes entre mi papá y mi mamá por cualquier tontería. Lo que ha habido de sobra, aún hoy con mi papá desde el cielo, es amor.

Me conecté conmigo misma. Me acordé de la magia que usaba de niña. Y en ese mismo momento miré hacia afuera, hacia lo material, hacia todo lo que se ve. Todo lo que antes parecía perfecto en mi lista de chequeo de esa noche lluviosa de 2012, ahora estaba mal, muy mal. ¡Qué paradoja!

Mientras viví el proceso de cáncer de mi padre, mi matrimonio se había destruido. En paralelo, me había ido llenando de deudas para construir una finca —¿se acuerdan que les conté que era "lo único" que me faltaba? —, pues había pedido tres créditos grandes, uno tras otro en piloto automático y sin ser consciente en realidad de lo que implicaba: que me estaban ahorcando financieramente. Y, para colmo de males, la fuente de recursos para pagarlos, que era mi trabajo, me hacía infeliz.

Aún con todo lo externo y material al revés, ya había llenado el vacío de mi corazón. Había entendido mi razón de vivir y, con esto, me había reencontrado con la verdadera Carolina, que estaba dentro de mí, dormida o anestesiada por muchos años. La misma que había dejado de ver desde que era niña, la gran maga que con el paso del tiempo había ocultado en un rincón del que ya ni me acordaba. Así fue como empecé de nuevo a hacer magia y a darle la vuelta a mi vida.

¿Qué es la Magia? La capacidad que tenemos todos de crear nuestra vida ideal desde el amor.

Para entender la magia fue clave aprender con grandes estudiosos y "hacedores de magia", aunque ellos no se refieran a sí mismos en estas palabras.

Uno de ellos es Gregg Braden, un geólogo y científico norteamericano que se ha dedicado a encontrar los puentes que unen la ciencia con el conocimiento espiritual ancestral.

A Gregg lo vi la primera vez en la película *Usted puede sanar su vida,* de Louise Hay. Narraba una escena que vivió con su amigo, un indígena americano, a quien acompañó a hacer un ritual en el desierto de Nuevo México para que la lluvia volviera en medio de una gran sequía. Gregg cuenta cómo vio a su amigo entrar en un círculo de piedras puestas sobre la arena del desierto y, ubicándose en el centro, lo vio cerrar los ojos, poner sus manos frente al pecho, como haciendo una oración por unos instantes, y entrar silenciosamente en actitud de profunda fe por unos minutos. Luego de terminar este ritual silencioso, tomaron la vía de regreso a la ciudad. Y, en algún punto el camino, se desató una tormenta gigantesca. Caía tanta agua que no lo podían creer, sobre todo después de varios meses de sequía.

Gregg, sorprendido, le preguntó a su amigo qué era lo que había hecho en ese ritual. El indígena americano le contestó que, al entrar en el círculo, en medio del fuerte sol, había cerrado sus ojos agradeciendo a la lluvia como si estuviera ya ahí: había recreado en su cuerpo esa sensación de estar mojándose e, incluso, había sentido el agua en sus propios pies, como si estuviera pisando el lodo formado por la lluvia que caía y salpicaba. Había sostenido esa sensación en su cuerpo lo mejor posible, desde el amor y el agradecimiento porque ya era realidad. Luego había entregado el deseo profundo con fe, con humildad profunda. Sabía que el control del resultado estaba fuera de él mismo, en un ser superior que todo lo puede.

Esa escena me impactó mucho. Empecé a investigar más. Me compré el libro de *La matriz divina* del mismo Gregg Braden, en el que se tienden puentes entre los hallazgos de la ciencia y el conocimiento espiritual más antiguo del mundo de una manera increíble —lo que para una mente típica racional como la mía y, *sobre todo en momentos de crisis,* que buscaba una explicación de todo (y entre más científica fuera mucho mejor), me cayó como anillo al dedo—. Leyéndolo entendí mucho más sobre el poder que tiene el pensamiento unido a la emoción y empujado con la fuerza de la fe para crear realidades.

Gregg trabajó con el Gobierno de los Estados Unidos y un día decidió que quería cambiar su vida, hacer algo que le aportara al mundo de una manera diferente. Cómo geólogo tenía una base científica y había profundizado mucho más, pero sabía que le faltaba ir más allá de la ciencia. Viajó por varios países visitando a los cuidadores del conocimiento más antiguo sobre la tierra, en monasterios budistas tan escondidos que ninguna guerra destruyó jamás, en Tierra Santa, en Machu Picchu, en territorio indígena protegido, y en muchos lugares más. En todos estos encontró un elemento en común, la forma más antigua de orar —como él la llama—: la meditación, con fe profunda, recreando la emoción del agradecimiento porque ya el deseo fue concedido y es realidad. Es pedir sin pedir, es pedir agradeciendo y con la certeza interior de que se manifestará; con total desapego y sabiendo que no podemos controlar el resultado.

Viajé a una conferencia de Gregg en Fort Lauderdale para oírlo de viva voz, y luego me matriculé en su curso-taller *De la célula al alma,* que se desarrollaba en un resort en medio del desierto, entre Santa Fe y Nuevo México en Estados Unidos. Allí, además de profundizar en sus hallazgos alrededor del mundo, corroborando el poder de esta forma de orar, nos enseñó y practicamos la meditación de coherencia cerebro-corazón.

En esta meditación conectamos nuestro cerebro con un "segundo cerebro", que está en nuestro corazón, compuesto por 40 mil células llamadas neuritas sensoriales que unidas equivaldrían en tamaño al cerebro de un ratón.

En esta meditación de coherencia se logran "conectar" los dos cerebros entre sí, con el poder de la visualización en sincronía con el poder de la emoción, con agradecimiento y fe profunda. Este estado emocional se comunica a través del nervio vago con el cerebro, afectando positivamente todo el sistema nervioso. De esta manera nuestra energía vibra más rápido y entra en contacto con "la matriz" (en dónde se origina la materia), enviando una señal para crear una nueva realidad.

Para ser más exacta, cuando hablo de la matriz, me remito a las palabras del físico alemán Max Planck, padre de la teoría cuántica y quien ganó el Nobel de Física en 1918: "no existe la materia como tal. Toda la materia se origina y existe solo por la virtud de una fuerza. Debemos asumir que detrás de esta fuerza existe una mente consciente e inteligente. *Esta mente es la matriz de toda la materia".*

Entonces, decidí con toda la fe y la certeza que con esta meditación mandaría las señales necesarias al universo, me conectaría con la mente consciente e inteligente de la que habla Planck y crearía al amor de mi vida.

Cuando un tiempo después apareció Juan en mi vida y, más aún, cuando me dio el primer beso, tuve un instante de *shock* al reconocer de inmediato en ese beso al amor que con magia consciente yo había creado. Supe con certeza que él era exactamente quien Dios había traído a mi vida, con su maravillosa magia actuando a través mío.

Como podrán deducir de este relato, para mí fue vital aprender a hacer la meditación de coherencia. Esta es una de las perlas más grandes que he encontrado durante mi proceso personal, por eso les contaré el paso a paso sobre cómo se hace.

Por supuesto la podrán hacer quienes quieran usar la magia para crear al amor de su vida, pero también cualquiera que quiera manifestar algo específico con una intención de amor y de entrega o servicio a los demás.

Ahora empecemos por el principio: en entender el primer paso que recomiendo hacer para hacer la magia conscientemente y que fluya como soñamos.

Capítulo 2

**El primer paso para la magia consciente.
Eliminemos los límites y obstáculos: están dentro de nosotros.
Démosles la vuelta a nuestras creencias.
Desaprender para aprender.**

*Quizás otras personas tratarán de limitarme, pero yo no me
limitare a mí mismo.*
Jim Carrey

*Cuando un hombre ha puesto un límite en lo que hará, ha
puesto un límite en lo que puede hacer.*
Charles M. Schwab

¿Les ha pasado que piensan en una persona y de repente esa persona los llama o les aparece de casualidad en la calle? Esa es una forma de magia. Sin darnos cuenta estamos permanentemente creando inconscientemente situaciones, encuentros o acontecimientos en nuestras vidas y, a veces, eso nos juega en contra, pues creamos justo lo que no queremos.

¿Por qué? Porque en nuestro inconsciente tenemos arraigadas creencias limitantes, bloqueos y barreras a la vida que soñamos, que terminan propiciando el desarrollo de unos hechos repetitivos totalmente opuestos a lo que soñamos.

¿Qué son las creencias? ¿por qué nos limitan?

Desde niños nos llenamos de afirmaciones sobre la realidad, las oímos repetidamente y, luego las convertimos en "verdades". Las vivimos como dogma irrefutable y todo lo juzgamos a la luz de ellas. Esas son las creencias. Las necesitamos, sin ellas nos sentiríamos desamparados, pues son como los principios guías que nos dan significado en la vida.

Las señales que recibimos del ambiente pasan por un proceso de filtro en nuestro cerebro (ocurre mientras viajan entre sinapsis hasta que llegan a un área de alto procesamiento como son los lóbulos frontales) hasta que entran a nuestra consciencia. La porción de todo lo que recibimos del exterior, que finalmente llega a nuestra consciencia, está determinada por nuestras creencias. Son un filtro que actúa permanentemente.

Son, en otras palabras, nuestra manera personal de ver y entender la realidad. Se afianzan cuando las oímos desde niños de nuestros padres y familia, maestros, amigos y también con dichos populares, que oímos una y otra vez. Por ejemplo, "la vida es difícil", "de eso tan bueno no dan tanto", "hay que ser rico para lograr eso" o "todos los hombres son una porquería" o "todas las suegras son unas brujas", o "todas las mujeres manejan mal", etc. Cada vez que podemos las reafirmamos, ignorando los cientos de ejemplos que las contradicen. Es como si no los viéramos, los filtramos de nuestra percepción.

Las creencias están también en la manera como nos vemos a nosotros mismos: "A mí no me entran las matemáticas o no sirvo para el inglés o no entiendo la tecnología", "yo no tengo memoria, todo se me olvida", "nunca voy a conseguir lo que quiero", "yo no nací para el amor", "eso es solo para los que tienen mucha plata", etc., etc.

Lo que creemos se convierte en nuestro principio rector sobre el cual transitamos el día a día y con el interpretamos cada cosa que nos pasa a nosotros o a otros. Nuestras creencias nos dan un significado al que nos aferramos.

¿Cómo se refuerzan o modifican nuestras creencias? Con lo que vivimos, el ambiente que nos rodea, las experiencias que tenemos, lo que aprendemos... Muchas de nuestras creencias van cambiando a lo largo del tiempo, pero otras que adquirimos desde niños se reafirman y solidifican. Estas quedan plantadas sólidamente en nuestro inconsciente y muchas veces no tenemos sospecha alguna de que las tenemos.

La ciencia demuestra que esas creencias, que solo tienen vida en nuestras mentes, se vuelven verdades que terminan determinando lo que es o no posible lograr en nuestras vidas.

Hay muchas versiones similares de la creencia "lograr X o Y es imposible" regadas por el mundo, en las mentes de millones de personas. Pero quienes no creen que haya imposibles logran lo que se proponen. En el Kennedy Space Center, en Cabo Cañaveral, Florida, hay un mensaje que se repite constantemente en voces de diferentes astronautas y funcionarios de la NASA: no hay imposibles. Uno de ellos, que hizo parte de la misión a la luna, incluso dijo contundentemente que la palabra imposible debería ser borrada del diccionario.

Steve Jobs, por ejemplo, creía que podía lograr lo que soñaba. Era uno de los que no creen en los imposibles. Aún después de ser expulsado de su propia empresa siguió adelante y finalmente terminó saliéndose con la suya. Con hechos desafió a todos los que creían que sus sueños eran imposibles y les demostró que todo se podía. Su visión del mundo la impregnó en su empresa, su afirmación en todas las posibilidades fue arrasadora: inspiró y trascendió con su liderazgo cualquiera de las creencias personales de los trabajadores de Apple.

Antón Chéjov, el escritor y dramaturgo ruso, decía que el hombre es lo que cree que es. Hoy con el *coaching* se ha vuelto famosa la frase "creer es crear", que escuché por primera vez gracias a Carol Dweck, la famosa psicóloga de Stanford. Además, en los estudios que ella y tantos más han hecho, se ha comprobado la veracidad de esta afirmación.

Las creencias son muy poderosas. Con base en ellas pensamos, sentimos, decidimos, actuamos y experimentamos todo el tiempo. "Creer para crear" está en el corazón de la magia.

Por eso es tan importante saber qué creemos, consciente e inconscientemente. La buena noticia es que no es tan difícil saberlo. Podemos encontrar esas creencias y cambiar todas las que no nos sirvan para lograr lo que queremos hoy en nuestras vidas.

Para hacerlo, hay que saber que las creencias no son puras premisas mentales frías, sino que están arraigadas con diferentes emociones.

En una publicación muy completa que encontré en la librería del *National Health Institute* de los Estados Unidos, donde se reúnen cientos de los mejores estudios científicos avalados a nivel mundial, se encuentran varias de las claves para entender y cambiar las creencias.

El artículo fue publicado originalmente en el *Indian Journal of Psychiatry* y reúne información de varios estudios importantes alrededor del mundo, hechos por más de una docena de científicos. En este se explica que debido a esa unión entre creencias y emociones nos sentimos a veces atacados o amenazados ante cosas que no tienen ninguna intención agresiva, y reaccionamos fuertemente cuando sentimos que nuestras creencias están siendo retadas.

Afortunadamente la bioquímica del cuerpo es muy poderosa, e incluso cuando nos sentimos estancados emocionalmente tenemos potencial para cambiar.

Lo primero que debemos hacer es tener una fuerte decisión de cambio y abrirnos a ver las cosas desde un punto de vista diferente. Empezar a pensar diferente nos permite ver opciones que antes no habríamos visto. Cuando cambiamos nuestro pensamiento, también lo hacen nuestras creencias. Cuando cambiamos nuestras creencias, se modifica nuestro comportamiento y, como consecuencia, veremos la transformación a nuestro alrededor. Algunos de esos cambios, me dirán ustedes cuando lo hagan, parecerán magia. Les contestaré que sí, que para mí son magia.

¿Tienen dudas de eso? Estamos leyendo un libro que se llama *¡La Magia Sí Existe!* ¿Creemos de verdad en la magia? Si no, ¿por qué no abrirnos de verdad a la posibilidad real de que exista la magia en nuestras vidas y que esta maravillosa magia nos gobier- ne? Si a pesar de estar leyendo este libro estamos pensando que la magia no existe, que no hay nada mágico en la vida y que estamos condenados a un destino inexorable, créanme que difícilmente va a llegar el cambio que necesitamos en nuestras vidas.

Les propongo entonces, justo en este momento, hacer un alto en el camino y revisar con qué actitud están leyendo este libro. ¿Lo hacen para criticar, juzgar, buscar errores o reafirmar que para ustedes no hay fórmula que funcione? ¿O están con una actitud de mente abierta, de fe, dispuestos a rescatar perlas que están acá escritas para ustedes y para cambiar sus vidas? Sean honestos con ustedes mismos, y reconozcan conscientemente lo que de verdad creen.

Sus creencias son fundamentales para darle la vuelta a cualquier situación, pero si están arraigadas en ideas como: "no creo que sea posible", "no puedo" o "no se puede", "no es para mí" o "no lo voy a lograr", y no tienen la voluntad ni la decisión de moverse de esta "verdad" en la que creen, ni este libro, ni el mejor coach o psicoterapeuta del mundo podría ayudarlos.

Para explicar mejor el poder de las creencias vamos a hechos corroborados por la ciencia.

Las creencias nos cambian hasta la salud, nos enferman o nos sanan. En la literatura científica hay cientos de ejemplos del poder del efecto placebo: gente que tomaba pastillas convencidos de que iban a mejorar, aunque las pastillas no tuvieran en realidad ningún componente químico los pudiera ayudar, pero su convicción lograba que en efecto mejoraran. Los cambios de percepción inciden de igual forma en la bioquímica del cuerpo.

El estudio *La bioquímica de la creencia* —del que vengo hablando—, dice textualmente que "todos los síntomas de la medicina funcionan a través de nuestras creencias. Mediante la transformación sutil de algo desconocido (una enfermedad o desorden) en algo conocido, con un nombre y una explicación, las reacciones de alarma en el cerebro pueden ser calmadas". Todas las terapias tienen un valor simbólico escondido que influye en nuestra mente más allá del efecto que tienen, por supuesto, en nuestro cuerpo.

De la misma manera que los placebos han resultado tan beneficiosos y curativos, los "nocebos", asociados con creencias de enfermedad, de muerte o de debilidad, tienen también consecuencias negativas en nuestros cuerpos.

El estudio, que cita diferentes múltiples fuentes científicas, asegura que cada una de las pequeñas células de nuestro cuerpo conoce, siente y es "consciente" de lo que pensamos, sentimos y, claramente, de nuestras creencias. Si creemos que somos sanos, fuertes y resistentes a las enfermedades, nuestro cuerpo lo reflejará. Igualmente, si creemos que somos débiles, que nuestras defensas están bajas, que somos susceptibles a tal o cual enfermedad, también nuestro cuerpo lo reflejará.

Un ejemplo de esto es el enanismo psicológico que se produce en los niños que no se sienten amados. Creen que no lo son y se ha demostrado que traducen esta falta de amor percibida en bajísimos niveles de la hormona del crecimiento. Esto contradice la teoría de que la hormona del crecimiento se libera solamente de acuerdo a un cronograma preprogramado en los genes.

Bruce Lipton, un médico y autor especializado en la bioquímica de las creencias y conferencista internacional, reitera con mucho énfasis que el amor es la emoción más sanadora (su impacto ha sido medido a nivel celular) y que el efecto placebo, derivado de las creencias, es una parte sustancial de la acción de cualquier medicamento. De hecho, ya hay varios científicos estudiando cómo hacer del manejo de creencias una herramienta potente para manejo clínico.

Empecemos por reconocer nuestras creencias limitantes para cambiarlas

Está claro, entonces, que todos los seres humanos tenemos creencias que nos limitan permanentemente. También en la vida laboral —"no me postulo a este trabajo, porque para eso no sirvo o seguro ya tienen candidato", o porque "no soy bueno para eso", o porque "siempre son otros los que se ganan los buenos trabajos" — y en la vida emocional —"nunca voy a conseguir una buena pareja" o "si quiero estar en pareja, tengo que aguantar en silencio su maltrato"—.

El doctor Morty Lefkoe, presidente y fundador del instituto que lleva su nombre, se dedicó a estudiar todos los tipos de creencias limitantes que tenemos y que nos quitan nuestro poder innato.

Lefkoe hizo estudios a profundidad con cientos de personas y concluyó con certeza que la barrera más grande para lograr cualquier objetivo en nuestras vidas es impuesta justamente por esas creencias sobre nosotros mismos, sobre quienes nos rodean y sobre la vida misma.

Por lo tanto, reitera que, al cambiar nuestras creencias y comportamientos, nos convertimos como consecuencia nuestros resultados. Con creencias limitantes arraigadas, atrincheradas y atornilladas en nuestro subconsciente realmente es muy difícil sacar a nuestro mago interior, y dejarlo que haga lo suyo.

Para empezar a encontrar esas creencias en nosotros mismos, empecemos por las que Lefkoe identificó como las más comunes en todos los seres humanos. Sin importar raza, cultura, religión, o lugar geográfico, estas son:

1. No soy importante.

2. No soy suficiente.

3. Equivocarse es malo.

¿Cómo pudo habérsenos formado cualquiera de estas tres? Realmente muy fácil. Les pongo este ejemplo —y atención los que somos papás—.

Si de niños hacíamos un dibujo e íbamos corriendo a mostrárselo a mamá o papá, quien justo estaba ocupado hablando algo importante con alguien y nos decía: "ahora no, no me interrumpas", puede que la primera idea que se nos haya venido a la cabeza fuese "no soy importante". Si ejemplos como este, en donde lógicamente no éramos prioridad, se repitieron varias veces puede habérsenos formado la creencia.

Claramente la intención de nuestros padres no era hacernos sentir "sin importancia", pero en la percepción infantil pudo hacer quedado así. Por supuesto que los hijos son muy importantes para sus padres —las excepciones serán contadas—, pero muchos papás no lo saben expresar probablemente porque a ellos los suyos tampoco se los expresaron.

Por supuesto que todos somos importantes, no hay nadie que no lo sea. Acabar con esta creencia limitante empodera fuertemente para ir por lo que nos corresponde y así crear nuestra vida ideal.

Siguiendo con este ejemplo, si el dibujo fue visto por nuestros papás y su expresión fue: "¿por qué no le haces mejor el pasto verde o le agregas un sol más amarillo?", pudo habérsenos creado la idea de que "no éramos suficiente". A lo mejor sentimos que nuestra obra no lo era para alguien tan querido y admirado, y a quien queremos complacer, como alguno de nuestros progenitores.

Aunque nuestros padres hubieran hecho el comentario con la mejor intención de ayudarnos a hacer un buen dibujo, una situación como esta, repetida con múltiples variaciones, pudo ser la raíz de la creencia falsa "no soy suficiente".

Claramente todos somos suficientes para lo que nos propongamos, solo necesitamos adquirir un conocimiento o desarrollar una habilidad. Pero, para quienes tienen esta creencia tan arraigada, las consecuencias limitantes en la vida son muy duras. De hecho, con solo tratarla a través de afirmaciones constantes de que sí somos suficientes, decenas de personas han sanado temores e inseguridades y han salido adelante logrando sus objetivos.

La creencia de "equivocarse es malo" es la más fácil de formarse cuando somos niños, de múltiples formas. Con algo tan sencillo como el siguiente ejemplo: si a la hora de la cena familiar accidentalmente regábamos el vaso con el jugo sobre el mantel, y la primera reacción era de regaño, ya asumíamos que no nos podíamos volver a equivocar porque es malo y trae regaño. Esa creencia seguramente la hemos reafirmado millones de veces a lo largo de la vida, y por eso tememos tanto a equivocarnos.

Afortunadamente, hoy el fracaso está siendo más valorado por los aprendizajes que trae la cultura digital. Las grandes empresas en el mundo están promoviendo una cultura de incentivo para experimentar y fracasar, y así aprender, mejorar e iterar de manera rápida.

Otras de las creencias más comunes son las que nos limitan la abundancia material.

¿Pero quién nos dijo que el dinero es malo? Lo bueno o malo es lo que se hace con este... ¿o no? En este tema quiero profundizar, dado que el temor más peligroso, el que más nos limita e impide avanzar hacia nuestro propósito es el de la pobreza.

A ver: si ustedes tuvieran todo el dinero que quisieran, ¿para qué la usarían? Apuesto a que muchas de las respuestas pasarían por cubrir necesidades económicas presentes y futuras, personales y de seres queridos; por decisiones que den tranquilidad; educación, salud, entretenimiento, viajar, ayudar a necesitados, algunas compras que nos den placer...

Apostaría también que en la inmensa mayoría de los listados que podamos hacer sobre lo que haríamos con una cantidad considerable de dinero no estaría nada malo en absoluto, nada sobre cometer delitos o hacer daño a alguien... Entonces, ¿estamos de acuerdo en que la plata no es mala en sí misma y que, al contrario, puede hacer mucho bien?

Asumiendo que sí, paso al tema de la magia para la abundancia. Es extenso y bien importante. Personalmente me ha costado muchas veces pasar de la teoría a la práctica. Inicio por hablarles de las creencias que tenemos que nos alejan de la plata.

Si no entendemos por qué se nos desaparece el dinero y no alcanza a pesar de las cuentas que hicimos, tampoco por qué nos roban, nos metemos en negocios malos o no se concreta ese proyecto que parecía perfecto, por más de que nos esforcemos conscientemente, hay una altísima probabilidad de que tengamos arraigadas creencias muy fuertes y profundas de las que no tenemos ni siquiera sospecha, que permanentemente nos alejan del dinero.

Piensen por un momento cuántas veces oímos en nuestra niñez que "más fácil entra un camello por el ojo de una aguja que un rico en el reino de los cielos", o que "la plata corrompe", "el dinero se esfuma", "la plata es sucia, vaya y lávese las manos", etc. Yo, decenas de veces. Además, los vi repetidos en historias dramatizadas de cine y televisión donde los héroes y los buenos son pobres, y los villanos, los malos, son ricos.

A mí con el de "la plata es sucia" hasta se me desarrolló una alergia. Me picaba tanto que durante muchos años tuve literalmente que salir corriendo a lavarme las manos con agua fría cada vez que tocaba un billete.

El otro día de camino a La Vega, una población a una hora de Bogotá, paré en un restaurante en la carretera en un momento inusual del día. Estaba vacío y tenía música popular a un volumen considerable. Me quedé oyendo las letras de las canciones que, en otro momento, con el ruido del restaurante lleno, hubieran sido solo parte del paisaje. En cinco canciones seguidas, de diferentes maneras, a través del amor y del despecho, se celebró lo bueno de ser pobre y se habló con resentimiento y rabia de "los ricos".

Sumémosle a toda la avalancha anterior esos dichos populares que nos pasan inocentemente de generación en generación, que repiten estas historias, y que exaltan el valor de la humildad —con el que por supuesto estoy de acuerdo—, pero equiparándola en significado con la pobreza material, como si pobreza y humildad fueran lo mismo, cuando claramente no lo son... Así es casi imposible que no hayamos creado a lo largo de nuestra vida unas creencias profundas en las que asociamos tener dinero con algo malo.

De hecho, en una campaña política en Colombia, un candidato dijo que ningún colombiano debería tener más de una propiedad, equiparó la riqueza con algo malo y fue aplaudido muy fuertemente. Pregunto: ¿No debería haber dicho, en cambio, "todos los colombianos deberían tener varias propiedades, y yo voy a ayudar a que las tengan" y ahí sí, ser ovacionado?... ¿Por qué nos queremos igualar por lo bajo, apuntar hacia la línea baja de la escala social, hacia la igualdad en la pobreza en vez de la riqueza?

Y más allá: ¿Por qué nos regocijamos en el resentimiento frente a los que tienen más que nosotros? ¿Por qué nos gusta hablar con rabia y dolor de quien tiene lo que nosotros no tenemos? Cada vez que lo hacemos, cada vez que tenemos rabia contra alguien que tiene lo que no tenemos, o que criticamos algo que en el fondo nosotros quisiéramos tener, lo estamos alejando de nuestras posibilidades. Nuestra mente no se esforzará por encontrarnos oportunidades para tenerlo.

Si queremos riqueza, pero criticamos a quienes la tienen, alejamos la posibilidad de ser ricos. ¿Por qué? Porque nuestro cerebro actúa de acuerdo a lo que cree que queremos, y no a favor de encontrarnos caminos hacia lo que criticamos y juzgamos. Si constantemente atacamos a quienes tienen un carro, una casa, o cualquier cosa que en el fondo queramos tener, nuestro cerebro ciertamente no va a trabajar para encontrarnos oportunidades, sino tomará el camino exactamente contrario, al que cree que queremos: justo al otro extremo de lo que criticamos.

Las creencias limitantes, en las que tener dinero es malo, minan las posibilidades de generar riqueza de miles de personas.

Yo, por ejemplo, llegué a pensar y repetir varias veces que no quería ganarme nunca el Baloto por todos los problemas que podía traer tener tanto dinero. En vez de bendecir la riqueza, la estaba maldiciendo. Con estas creencias profundas es altamente probable que, inconscientemente, estemos haciendo todo lo posible para evitar el flujo del dinero hacia nosotros.

Entonces, este es el paso 1: Identifiquemos qué creencias limitantes tenemos con respecto al dinero. Pensemos en nuestra historia: ¿logramos traer el dinero a nuestra vida? ¿Logramos mantenerlo y multiplicarlo a través de buenas inversiones o negocios? Si la respuesta fue "No" en al menos una de esas preguntas, profundicemos en una reflexión interior sobre qué pudimos haber oído, visto o aprendido sobre el dinero que nos impida atraerlo, mantenerlo o incrementarlo.

Objetivo: encontrar y desbloquear las creencias limitantes es más de la mitad del camino recorrido y, en muchos casos, lo necesario para cambiar radicalmente la historia que tengamos con respecto al dinero y a la abundancia.

Una vez las hayamos identificado, podremos enfrentarlas y cuestionarlas hasta destruirlas. Créanme, es como quitarse un piano de encima, es muy liberador... Y lo mejor es que todo empieza a cambiar.

Desaprender para aprender

El método desarrollado por Morty Lefkoe apunta a cambios en nuestras creencias que sean duraderos, que han sido probados en varias investigaciones independientes. Ellos aseguran que nadie más en el mundo lo ofrece.

Les dejo este ejercicio con el proceso del doctor Lefkoe para encontrar y darle la vuelta a nuestras creencias limitantes. Al final de cada pregunta lee tu respuesta en voz alta y pon atención a lo que sientes al oírte.

1.   A continuación, escribe un comportamiento, un sentimiento indeseable o un patrón que quieras cambiar. Si es una emoción, puede incluirse tristeza, depresión, rabia, frustración, agresividad, miedos, etc. Si es un comportamiento, puede referirse a violencia, pereza, conflictos en relaciones o conflictos en general con personas, etc.

Miedo a enfermar
Temor a educar mal
Tristeza sin razón

¿Te das cuenta de que tu molestia se debe a una creencia que tienes en tu cabeza y no a algo externo, en la realidad?

_____

_____

_____

_____

_____

_____

_____

2. Identifica y escribe cuál de estas tres creencias madre está detrás de lo que quieres cambiar en este momento: "No soy suficiente", "No soy importante", "Equivocarse o cometer errores es malo".

1. Mi cuerpo no es sano, yo no soy sana
2. No tengo paciencia
3. No soy agradecida

_____

_____

3. Lee tu creencia en primera persona y en voz alta. Luego toma el tiempo que sea necesario y recuerda ejemplos de cuando eras niño en donde pudiste comenzar a relacionarte con esta creencia: ¿qué tipo de cosas pasaron con tus papás, amigos, en el colegio o en tu entorno que contribuyeron a reforzarla? En la medida en que las recuerdes, escríbelas.

1- Familiares enfermaron
2- Copia de patrón.
3- Tienes que hacer y conseguir más- la plata lo es todo

1- Eso no alimenta, ¿le va a cambiar el metabolismo

2- Hay que pintarse bien todo el tiempo

¿Entiendes que con esos ejemplos es lógico que se te hubiera forjado esa creencia, que a cualquier persona le habría pasado igual?

NO a todo el mundo, pero tiene cierta lógica.

4. Piensa cuál podría haber sido la intención de tus padres, amigos o maestros en los ejemplos que recuerdas, que te crearon la creencia: ¿qué querían hacer, decir o enseñarte en realidad?

1) No toda la comida es buena, debes saber escoger
2) Hay momentos para jugar, otros para estar quieto
3) ahorrar es una buena idea
4)

5. Los eventos que nos ocurren no tienen significado por sí mismos, nosotros se los damos. ¿Si viste el "no eras suficiente", el "no eras importante" o el "equivocarse es malo"? ¿Lo podrías describir? Seguramente no, pues no existe como cosa en la realidad: no tiene color ni tamaño, es solo una creencia que está en tu mente. Lo que pasó, el hecho en sí mismo, no tenía ese significado antes de que tú se lo dieras. ¿Te das cuenta de esto?

6. Reconócete como el creador de esa creencia: tu vida hasta este momento ha reflejado tu creencia y no a quién eres tú en realidad. Interpretaste un hecho y eso dio a luz una creencia en tu mente, que posteriormente se reforzó y fortaleció, y te marcó hasta hoy. No eres tu creencia, solo fuiste quien le dio vida y por eso mismo la puedes acabar.

Repite ahora en voz alta y en primera persona la creencia inversa, por ejemplo: "Yo soy importante", "Yo soy suficiente" o "Equivocarse es bueno". Hazlo nuevamente y pon tu atención en lo que sientes, hasta que estés convencido de lo que dices.

Conclusión

A pesar de lo que hemos creído toda la vida, en realidad nosotros no somos los seres limitados que pensamos. Lo que sí es cierto es que fuimos los creadores de esas creencias limitantes. Por eso mismo, si pudimos fundarlas, también tenemos la capacidad de cambiarlas por otras que nos empoderen.

Con nuestro deseo innato, y la voluntad de aprender y crecer logramos tener percepciones nuevas que nos llevan a pensamientos nuevos. Cuando conscientemente permitimos que estas percepciones renovadas entren a nuestro cerebro, a través de la búsqueda de nuevas experiencias, del aprendizaje de nuevas habilidades y el cambio de las perspectivas, entonces creamos nuevos pensamientos y vamos formando otras creencias. Como consecuencia, nuestro cuerpo responde en mejores formas. De hecho, a esto le han llamado el secreto de la eterna juventud, pues las creencias tienen un poder de transformación increíble en nuestra bioquímica y lo reflejamos en nuestro cuerpo sin importar la edad.

También, al actuar diferente obtenemos nuevas y mejores respuestas de nuestro entorno, de nuestras familias, amigos, compañeros de trabajo y conocidos.

Nuevamente, la clave está en vigilarnos conscientemente y actuar cada vez que nos descubramos reforzando una creencia limitante.

Oigamos lo que decimos. Si estamos buscando la felicidad y la tranquilidad, pero todo el tiempo decimos que "la felicidad no existe en ninguna parte", ¿por qué no cambiar esas palabras por "está en todas partes"? Solo con introducir pequeños cambios en la manera de expresarnos, sobre todo en las frases que más repetimos, empezamos a cambiar nuestra consciencia, así nuestras creencias y, por ende, nuestra bioquímica.

La física cuántica nos dice que todo existe en una matriz en las que todas las posibilidades existen al mismo tiempo. El artículo *La bioquímica de la creencia*, al que hecho referencia aquí, fue escrito por varias eminencias científicas y nos lo recuerda. Esta matriz es moldeable y nosotros tenemos el poder de darle nuevas formas con consciencia. Lo hacemos ya inconscientemente a través de nuestras creencias, así que tomemos ahora el control de ellas y cambiemos nuestras posibilidades de futuro.

Seamos conscientes de que somos parte de esta matriz o campo energético en constante cambio, *que permanentemente interactúa con nosotros*. Liberemos ese enorme poder que tenemos para pasar de ser víctimas de la realidad a ser creadores de nuestras vidas. Nuestras creencias son justamente el libreto para escribir y rescribir el código de nuestra realidad y crear nuestra vida ideal.

Capítulo 3

Luego de haber reconocido y cambiado nuestras creencias limitantes, activemos nuestros poderes de magos: primero, el poder del pensamiento, uno de los más poderosos. Nuestra vida ya estará cambiando incluso antes de que nos hayamos dado cuenta.

Todo lo que nosotros somos,
es un resultado de lo que hemos pensado.
Buda

En este capítulo abordaré aún más el poder del pensamiento al que he hecho ya referencia. Ya sabemos que este es crucial para acabar con las creencias arraigadas que nos han impedido ser quien somos de verdad con nuestro máximo potencial. Y, mejor aún, para que construyamos nuevas creencias que nos permitan tomar el camino de nuestro propósito y así volvernos creadores de nuestra vida ideal.

Como son tan importantes, profundicemos en ellos.

Cada día de nuestras vidas se calcula que tenemos entre sesen- ta y ochenta mil pensamientos. La mayoría de esos son inútiles, no nos aportan nada. Están centrados literalmente en bobadas que, si nos fijamos, no nos agregan nada de valor. Repiten mentalmente memorias de hechos que ya ocurrieron y que no podemos cambiar —y rumiarlos solo empeora todo— o generan posibles hechos futuros que no podemos predecir, pero que en cambio sí nos pueden angustiar, asustar o preocupar muchísimo, aunque no sean reales y, probablemente, nunca vayan a serlo.

El doctor Joe Dispenza, estudioso de la neurociencia, la epigenética y la física cuántica, calcula que alrededor del 90 % de los pensamientos que tenemos cada día es el mismo que tuvimos el día anterior y será igual al que tendremos al día siguiente. Si pensamos lo mismo, actuaremos y experimentaremos lo mismo. ¡Así es muy difícil cambiar!

Con nuestra rutina de pensamientos y de hábitos vamos creando caminos en nuestro cerebro al conectar varias células nerviosas, llamadas neuronas. Se llaman caminos neuronales. En cada punto donde se conectan las neuronas, se incuba un pensamiento o una memoria. Cuando repetimos durante un tiempo prolongado los mismos pensamientos o rutinas diarias, reforzamos esas vías neuronales. Estas se van volviendo más profundas y marcadas hasta que parecieran tatuadas en nuestro cerebro. Lo que nos lleva a actuar como en piloto automático, repitiendo patrones de sufrimiento, dolor y frustración.

Entonces, entre más repetimos pensamientos y rutinas, más difícil resulta obtener resultados diferentes en nuestras vidas. Pero, ¿por qué es tan difícil cambiar? Por qué sin darnos cuenta nos vamos volviendo adictos a los químicos que segrega nuestro cuerpo con los pensamientos repetitivos.

Libérate de la adicción a los químicos del sufrimiento

¿Por qué repetimos tanto pensamientos, actitudes y acciones aun sabiendo que no son buenos para nosotros? ¿Por qué, a pesar de hacer promesas de cambio e intentarlo, no logramos un cambio verdadero y definitivo? ¿Cuántas veces nos decimos "nunca más voy a comer de esto porque me engorda o hace daño", "nunca más vuelvo a creer en el amor", "nunca más vuelvo a gritarle a mi pareja o a mis padres o a mi hijo" o "nunca más vuelvo a fumar o a beber alcohol" o cualquiera de nuestros "nunca más" favoritos?

Dice el doctor Dispenza que de la misma manera en que nos podemos volver adictos a las drogas, lo hacemos con los químicos que segrega nuestro cuerpo cuando sufrimos. Una adicción es algo que no podemos dejar de hacer. "Si no puedes controlar tu estado emocional, eres adicto al mismo", dice el doctor Dispenza.

En el artículo *La mente adicta*, publicado por *El Nuevo Día* y que se basa en investigaciones reveladas por el doctor Dispenza, se explica que "en nuestro cerebro se fabrican químicos para la ira, para la tristeza y hay una sustancia química para cada estado emocional que experimentamos. Cuando este químico llega a los diferentes centros o partes del cuerpo, cada célula en nuestro cuerpo acoge este químico".

Nuestras células se van volviendo así "adictas" a este químico y, entonces, empezamos a atraer a nuestras vidas situaciones, personas o circunstancias repetitivas que nos generan las mismas emociones. Por tanto, producen los mismos químicos que nos piden nuestras células adictas, que siempre quieren más.

Lo primero, como en todo proceso de recuperación de una adicción, es revisarnos y reconocer las dependencias que tengamos al sufrimiento, a la ira, al miedo, al llanto, a la tristeza, a la frustración o a cualquier emoción negativa.

Una vez las reconozcamos, el doctor Dispenza nos enseña que al empezar a pensar diferente y establecer rutinas diferentes es posible romper estos patrones de sufrimiento, y así se empiezan a generar nuevos caminos neuronales. De repente empezamos a encontrar posibilidades y soluciones increíbles que antes no hubiéramos visto.

Al cambiar la forma de pensar, también encontramos formas de actuar nuevas y diferentes, y de esta forma experimentamos resultados novedosos. En resumen, cambiando nuestros pensamientos, cambiamos nuestra vida, como diría Wayne Dyer.

Déjenme contarles una historia increíble de la vida real que ahonda sobre el cambio de nuestros pensamientos.

Conocí a Mo Gawdat cuando era el vicepresidente de Innovación de Negocio de Google X —ahora se llama solo X—, el laboratorio de experimentación de esta compañía de donde salen las ideas más disruptivas, los carros que se manejan solos, los lentes de contacto que miden el nivel de azúcar en la sangre de los diabéticos, los globos inteligentes que se suben en los vientos que van en la dirección que ellos necesitan para irradiar internet en las zonas más lejanas del planeta, etc.

Mo fue uno de los primeros empleados de Google y, como tal, le fue muy bien económicamente. En una entrevista a *La Vanguardia* de España contó: "Yo fui feliz hasta los 23, luego empecé a tener gran éxito y cuanto más, más creía en lo que el mundo moderno me decía: que ser exitoso era lo más importante. Y para serlo debes aprender comportamientos y creer en conceptos que te hacen exitoso, pero no feliz. Por ejemplo, siendo ejecutivo, la ilusión de control, de que lo debes controlar todo, trabajo, empleados, resultados y la vida personal. Tus expectativas son tan altas que todo lo que hagas queda corto. Pero solo puedes controlar tus acciones y actitudes, no los resultados".

Siendo aún muy joven Mo ya tenía todo lo material que hubiera podido desear: casas, carros, etc. "Mi historia con la felicidad se remonta a hace 25 años —cuenta Mo—. Tenía más éxito del que merecía, y cuanto más me daba la vida, más infeliz me sentía...". Una tarde, hace 20 años, se compró por internet dos Rolls-Royce por la única razón de que podía hacerlo, nada se lo impedía. En el fondo, con ese tipo de compras, trataba de llenar su vacío interior. Cuando finalmente le entregaron esos exagerados y costos juguetes, su ánimo no cambió para nada.

Se dio cuenta de que no era feliz. Siendo un buen joven aplicado y estudioso se dio a la tarea de encontrar qué era eso que no tenía, qué era la felicidad. Estudio durante 9 años todo lo que encontró sobre el tema, desde la neurociencia, la física, la psicología, pasando por literatura, sociología, antropología, hasta religión y espiritualidad.

Como buen ingeniero, Mo necesitaba poner sus conclusiones en una fórmula matemática que lo ayudara a reflejar lo que es la felicidad. Durante todo ese tiempo estuvo desarrollando esa fórmula que llegó a tener muchas variables. Al final, luego de varios años de estudio, la redujo a una fórmula muy sencilla que él aplicaba. Mo estaba contento por haber encontrado la felicidad.

En una ocasión su hijo Ali, de 21 años, que vivía en los Estados Unidos, fue a visitarlo a su casa en Dubái. Para describir lo increíble que era su hijo, Mo decía: "cuando sea grande, yo quiero ser como él", pues todo el mundo lo quería por su increíble carisma, energía y humanidad. Durante la visita, en pleno encuentro familiar, Ali sintió un dolor abdominal fuerte y tuvo que ser llevado de urgencia a la clínica. Allí, en solo cuatro horas, cinco errores médicos consecutivos llevaron a Ali a la muerte.

Sobre esto, Mo comentó en el diario *El Mundo* de España: "El día en que mi maravilloso hijo nos dejó, todo se volvió oscuro. Sentí que me había ganado el derecho a sufrir durante el resto de mi vida, que no se me dejaban más opciones que cerrar la puerta y pudrirme. En realidad, disponía de dos opciones: a) podía elegir sufrir durante el resto de mi vida y esto no traería a Ali de vuelta; o b) podía elegir experimentar el dolor, pero detener los pensamientos desgraciados, hacer cuanto pudiera para honrar su memoria, y esto tampoco traería a Ali de vuelta, pero haría que el mundo fuera un poco más fácil de soportar. Dos opciones. ¿Cuál elegirías tú? Elegí la opción b".

Obviamente para Mo fue muy doloroso perder así a su hijo. Sin embargo, él cuenta que como ya había encontrado a la felicidad dentro suyo, tuvo incluso la fuerza para convertirse en quien le diera consuelo y tranquilidad a todos los que lloraban por la muerte de Ali.

Tan pronto pasaron los funerales y el duelo, Mo empezó a escribir intensamente y sin parar hasta que terminó un gran libro que se llama *Solve for Happy* — en español lo bautizaron *El algoritmo de la felicidad*— y se propuso llegar con él y su fórmula de la felicidad a mil millones de personas en el mundo entero. ¡Se los recomiendo!

En el libro Mo cuenta su historia: cómo teniendo todo lo material que cualquiera puede soñar tenía ese vacío interior y cómo, con mucha disciplina, empezó a estudiar en todas las fuentes posibles (libros, películas, cursos, talleres, etc.) qué era la felicidad, hasta que por fin logró encontrarla.

Con su mente matemática, convirtió la felicidad en esta fórmula:

Felicidad ≥ Acontecimientos – Expectativas

Es decir, la felicidad es mayor o igual a los hechos que pasan en tu vida menos las expectativas que tenías sobre ellos.

Como ven la fórmula no menciona para nada sobre el dinero ni el éxito, ni siquiera la salud.

La gran enseñanza de Mo es que no son los acontecimientos que pasan en tu vida en sí mismos los que te hacen feliz o infeliz, sino la comparación que hacemos entre estos hechos y lo que esperábamos de ellos. Así que, si cambiamos las expectativas, cambiamos la ecuación.

Si dejamos de esperar demasiado y vivimos con fe (no expectativa) de que sea lo que sea que pase será lo mejor, nuestro nivel de felicidad aumentará, y empezaremos a ver cada hecho que pase de forma positiva.

¿Cómo se hace? En primer lugar, como ya a esta altura del libro podrán responder, manejando nuestros pensamientos.

Para esto, Mo explica de manera amena que el cerebro no es otra cosa que un órgano más y que, como todos los órganos del cuerpo, tiene una única misión y es nuestra supervivencia. De la misma manera en que los pulmones procesan el oxígeno, el estómago la comida y los riñones nos ayudan en la limpieza interior, el cerebro igualmente cumple una función para nuestra supervivencia.

Dice que, en esta labor, el "producto" del cerebro son los pensamientos. Si por el cerebro fuera, no haríamos nada que considere "mínimamente riesgoso" como, por ejemplo, salir a la calle porque nos podría atropellar un auto. Por eso precisamente el cerebro nos manda constantemente pensamientos de "no hacer".

Para manejar esta situación de una manera original y efectiva, Mo cuenta que decidió bautizar a su cerebro, ponerle un nombre agradable. Así, cada vez que el cerebro le enviaba pensamientos de "no hacer" o no "arriesgar" o simplemente aburridos que lo deprimían y le hacían sentir cualquier emoción negativa, él lo llamaba por su nombre propio. Le pedía que le cambiara sus pensamientos, una y otra vez, hasta que estos le hicieran sentir bien.

Suena muy fácil darle una orden constante al cerebro de cambiar pensamientos negativos por otros que nos empoderen. Aunque realmente cuesta un poco, hay que formar el hábito.

Esto requiere nuestro compromiso para observar cuidadosamente y constantemente como podamos nuestros propios pensamientos, y hacer un esfuerzo para cambiar los que nos hacen daño por unos mejores *tantas veces como sea necesario*. Es un proceso de entrenamiento de nuestra propia mente que exige ser muy conscientes de nosotros mismos. Entre antes lo iniciemos, mejor será.

Como lo mencioné en el capítulo del miedo, es exactamente como comenzar a hacer ejercicio. Al principio nuestro estado físico no será el óptimo, pero si seguimos ejercitándonos todos los días, al cabo de poco ya tendremos más resistencia. Acá es igual, entre más escuchemos conscientemente nuestro diálogo interno, para "pescarnos" cuando estemos teniendo pensamientos negativos, tristes, depresivos o inútiles, mucho más poder tendremos para cambiarlos por unos mejores que nos suban el ánimo y la energía. Con seguridad siempre encontraremos algo que agradecer profundamente, que pueda sustituir un pensamiento negativo.

Mo Gawdat recomienda cambiar nuestros pensamientos de manera consciente en las siguientes situaciones:

1. Cuando nos domine el deseo de ser queridos, aceptados o aprobados por los demás. Una gran manera de ver que tanto tenemos ese deseo es con nuestro comportamiento en redes sociales. ¿Publicamos fotos o mensajes para reflejar una imagen que queremos que vean de nosotros, y para conseguir *likes*?

2. También cuando estemos teniendo pensamientos duros sobre nosotros mismos, juzgándonos rápidamente, culpándonos sin un análisis detenido o maltratándonos. Necesitamos comprendernos, amarnos, respetarnos y aceptarnos para poder tener relaciones sanas con los demás.

3. Cuando estemos peleando o rechazando circunstancias que ya ocurrieron y nos negamos a aceptarlas, o cuando tratemos de forzar las situaciones para que sean como queremos y entramos en pelea con la vida. Mo recomienda aceptar, abrazar el dolor y aprender la lección que nos trajo esa dura experiencia.

4. Cuando veamos a la felicidad como un destino a ser alcanzado y no como un estilo de vida permanente. Está en nuestro interior, y desde allí debe ser su punto de partida para extenderse hacia afuera.

5. Cuando olvidemos que nacimos para ser felices, que nos lo merecemos. Es nuestro derecho, así que debemos descubrir las creencias contrarias a ese merecimiento. En ese caso, reiniciemos y reaprendamos incorporando las nuevas creencias.

6. Cuando tengamos pensamientos que nos hacen infelices. Lo único que necesitamos para ser felices es sacar de nuestra cabeza cualquier razón para ser infeliz.

7. Cuando pensemos que necesitamos el éxito para ser felices. De hecho, es lo contrario, la felicidad contribuye al éxito increíblemente.

8. Cuando haya dolor y pensemos que también debe haber sufrimiento. Dolor y sufrimiento son diferentes. El dolor llega sin avisar, pero el sufrimiento es una decisión, nosotros elegimos cómo y cuánto sufrimos, también si lo volvemos eterno o si hacemos algo por manejarlo: darle la vuelta para tomar la energía y transformarla en algo bueno.

Mo nos recomienda recordar siempre que *es el pensamiento, y no el acontecimiento el que nos hace infelices*. Por tanto, reitera que, si cambiamos nuestra forma de pensar, también lo hará nuestra forma de vivir y de ser felices.

Así funciona la mente: úsala a tu favor

Para explicar cómo funciona la mente, cito a Marisa Peer, catalogada como la mejor terapeuta del Reino Unido. Hoy es promovida internacionalmente por la plataforma de Mindvalley, escuela global para la humanidad. Marisa ha sido por más de 25 años coach de grandes estrellas y multimillonarios, quienes han superado con éxito varias limitaciones y temores.

Ella ha desarrollado técnicas basadas en la fe y la confianza en nosotros mismos, las cuales son sustentadas en la repetición constante, y con las que ha desafiado retos que parecían imposibles para cientos de personas.

Marisa ha desarrollado estas técnicas basada en el entendimiento de cómo funciona la mente. Acá les cuento las cuatro claves fundamentales con las que ella explica cómo entender la mente y usarla a nuestro favor:

1. Tu mente hace lo que cree que es lo mejor para ti. Si hoy en tu vida no estás obteniendo lo que quieres, es una muestra de que no estás colaborando adecuadamente con tu propia mente. Le estas mandando señales equivocadas sobre lo que quieres (por ejemplo, cuando críticas a alguien o a algo que tú en el fondo quisieras tener).

2. Tu mente está diseñada para moverse hacia el placer y para evitar el dolor. Por eso es entendible que busque excusas para que no hagas ejercicio ni dieta, porque cree que representan dolor, a no ser que le hagas ver lo contrario: el placer a través del ejercicio o de la comida sana y el cuerpo saludable.

3. Todos tus sentimientos vienen de dos fuentes: las imágenes que te haces en tu mente o las palabras que te dices a ti mismo. Por eso hay que cuidar ambas, y cambiarlas lo antes posible. Procura que esas imágenes y esas palabras siempre sean positivas, de aliento y de refuerzo.

4. Tu mente ama lo que siente familiar. Para tener éxito en cambiar tu vida actual por una ideal, tienes que lograr hacer familiar lo desconocido y al revés. Visualizar lo que quieres y poder crear la emoción de estar viviendo eso que crees manda señales a tu mente para que sienta agradable eso que quieres.

En lo que nos enfocamos se expande

Este es uno de los grandes aprendizajes que he tenido en mi proceso y que ahora aplico conscientemente.

Cuando queremos comprar unos zapatos en particular, un estilo de ropa, una bicicleta, una moto, un auto —o lo que sea—, de repente empezamos a verlo por todas partes, como si se hubiera multiplicado.

Lo mismo pasa con cada uno de los pensamientos en los que nos enfocamos. Si son de problemas, de sentimientos de perseguidos, de deudas, de dudas e inseguridades, eso mismo se expandirá. Si los cambiamos por pensamientos de amor, agradecimiento, tranquilidad, confianza, o cualquier emoción positiva, también eso lo manifestaremos.

Adicionalmente, tomé de Mindvalley estas siete poderosas frases de Marisa que nos ayudarán a entender el poder de los pensamientos que refuerzan nuestra autoestima y que nos empoderan, para así lograr crear una vida a nuestra medida.

Vale toda la pena enfocarnos en estas afirmaciones:

1. **Somos los arquitectos de nuestra propia vida.** No debemos esperar a que lo que consideramos éxito nos llegue, vamos por él. Con frecuencia soñamos despiertos y hasta llegamos a crear planes para buscarlos, e incluso metas. Pero con frecuencia, fallamos en la acción, no ejecutamos nuestros propios planes y volvemos a rumiar los sueños. Marisa nos recuerda que aún el mejor plan del mundo sin ejecución es un fracaso más. Por eso, tenemos que pactar un compromiso con nosotros mismos en constancia, disciplina y perseverancia, en dar un paso cada día, aunque sea pequeño. Entre más nos movemos, más vamos ganando confianza en nosotros.

2. **Practiquemos el pensar como campeones.** Nadie nace con mentalidad de éxito. Es algo que debemos aprender para que esos pensamientos se lleguen a convertir en realidad. La misma Marisa oyó cuando era niña que nunca iba a llegar a ser más que una niñera, sin importar lo que soñara. Pero como ven, no lo creyó, se llenó de pensamientos que la empoderaron. De esa forma creó su mentalidad de campeona con la que llegó a ser mujer que soñaba, número uno en el Reino Unido. Y lo sigue siendo.

3. **La confianza en nosotros mismos es el 90 % de nuestro éxito.** De hecho, solo la confianza sin talento nos lleva mucho más

lejos que el talento sin la confianza, dice Marisa. Pero, si tienes ambas, serás imparable. En varias ocasiones, nosotros mismos somos los que nos impedimos el éxito —¿Recuerdan lo que vimos en el capítulo de los temores y en el de las creencias? —. Nos esforzamos por nuestros sueños, pero en la puerta del horno quemamos el pan. A punto del éxito no damos el paso que toca. Empezamos a dilatar, a posponer, nos da miedo firmar el contrato, le huimos al compromiso y encontramos más fácil salir corriendo...Tenemos que aprender a sacar esos miedos de nuestros pensamientos para dar los pasos definitivos y luego nos encontraremos celebrando nuestro éxito, ¡la valentía que tuvimos!

4. **Hagámonos barra a nosotros mismos**. Con humildad reconozcamos nuestros talentos y capacidades, así como nuestras victorias, por pequeñas que sean. Nadie va por el mundo pensando que todos los días van a ser perfectos, ni siquiera lo hacen nuestros ídolos que posan felices en las portadas de las revistas. Como dice Marisa, "ellos también tienen el mismo diálogo mental: ¿yo si valgo lo suficiente? ¿Merezco este reconocimiento? ¿Si tengo lo necesario para el éxito? ¿Qué pasa si fallo? Pero la única diferencia es que ellos se saben hacer barra a sí mismos diariamente, se convierten en el padre amoroso que querían tener, en el profesor que los alienta y es el mayor fan de sí mismos. Y mientras lo hacen, nadie los puede parar".

5. **Nunca es tarde para reescribir nuestra historia.** Es hora de convertirnos en los protagonistas. Para eso debemos hacer las paces con el pasado —de él aprendimos, nos construimos, y nos hicimos bien o mal lo que somos— pero, sobre todo, debemos amar nuestro presente sea cual sea, porque seguramente tiene muchas cosas valiosas, y sentirnos emocionados con el futuro increíble que vendrá. Estamos ahora en el momento ideal para diseñar la vida justo como la queremos, con un futuro que nos inspire a levantarnos felices de la cama cada día.

"Recuerda —dice Marisa—, tu escribes tu propio libreto, ¡haz una pieza maestra!"

6. **Tu confianza no siempre se trata únicamente de ti mismo.** Cuando logras dejar huella en otros, empoderarlos, tu vida tiene un significado y un propósito. ¿Acaso podrías tener ese impacto al ayudar a otros si no confías en ti mismo y te escapas de tu propósito? Seguramente no. Tú tienes un mensaje y un talento único que, si te asustas y te frenas, muchas personas jamás podrán beneficiarse. Entonces, si no lo haces por ti mismo, hazlo por aquellos que te necesitan. Piensa por un momento en cuántas personas podrías ayudar si tuvieras la confianza suficiente en ti mismo. "Entre más fe tengas en ti mismo, más valor puedes dar", reitera Marisa.

7. **Tú eres más de lo que crees que eres.** Nuestro potencial es ilimitado, crece en la medida en que lo explotas. Entre más pruebas todo lo que eres capaz de hacer, más potencial tienes aún por delante. Nunca podemos ver nuestras facultades máximas, porque están en constante expansión. Es por esto que nunca debemos fijar límites sobre en quién podemos convertirnos. "La parte más difícil no es cambiar nuestras vidas, sino cambiar nuestras mentes que crean esa vida. Sé la persona que habla, camina, piensa, reacciona y actúa como un campeón y más temprano que tarde ya te habrás convertido en uno". Unas palabras maravillosas de Marisa para concluir este capítulo.

Aquello en lo que enfocamos nuestra atención adquiere una dimensión mayor. Enfoquémonos en nuestro potencial, en la confianza y capacidad de crear nuestra propia vida ideal. Y pasemos a sentirlo, como si ya existiera, con agradecimiento profundo. A continuación, el poder de nuestras emociones.

CAPÍTULO 4

Después de aprender a usar el poder del pensamiento, activemos el poder de las emociones elevadas, y con ambos sumados, logramos la magia de la coherencia entre el cerebro y el corazón. Veremos mucha más magia pasar en nuestras vidas...

Sé consciente de que en este momento estás creando.
Estás creando tu próximo momento basado
en lo que sientes y piensas.
Doc Childre, fundador del HeartMath Institute

Sumar el poder del pensamiento consciente, para potencializarnos, con el poder de nuestras emociones elevadas —las que provienen del amor—, se convierte en una "bomba" explosiva en el camino de crear nuevas realidades.

Con esta poderosa mezcla de pensamiento más emociones elevadas pude crear a Juan, mi esposo, el hombre con quien soy inmensamente feliz. En este capítulo les contaré la historia, además les daré la meditación de coherencia y de manifestación que usé en el proceso de creación del amor de mi pareja ideal.

Pero, primero profundicemos en las emociones elevadas.

Como decía, son las que vienen del amor y no del miedo. Las que nos dan paz, felicidad, plenitud y armonía.

El amor es lo opuesto al miedo, aunque de ambas se derivan emociones. Nos pasamos los días y la vida entera saltando entre las emociones que vienen del amor y las que vienen del miedo.

Detrás del miedo está el ego. Este se disfraza de lógica y, con su amplia capacidad de crear argumentos, busca hacernos caer en su mundo de limitaciones que nos llevan a la inacción. "No puedo, no soy capaz, no sirvo", y más "nos" que, como ya vimos, se convierten en creencias limitantes arraigadas en nuestro inconsciente que nos bloquean.

Wayne Dyer, uno de mis grandes maestros, fue un psicólogo, escritor, un gran líder de crecimiento personal y estudioso de la literatura espiritual ancestral. Wayne nació muy pobre, fue abandonado por su padre alcohólico a los tres años y terminó así creciendo en orfanatos, pues su mamá no podía físicamente mantener a todos sus hijos.

Wayne llegó a la Marina y posteriormente estudió en la Wayne State University en Detroit, donde obtuvo su doctorado en Psicología. En 1976 escribió su primer libro Tus zonas erróneas, que vendió 35 millones de ejemplares en varios idiomas y estuvo 64 semanas seguidas en la lista de los más leídos del *New York Times*. Escribió en total 40 libros y 21 de ellos también se convirtieron en best sellers.

A solo un mes y cuatro días de embarcarme con toda la ilusión en un crucero por Tierra Santa con mi admirado Wayne Dyer, me enteré de que acababa de morir en Hawái, donde vivía. A sus 75 años abandonó este mundo.

Wayne había tenido un cáncer años atrás, pero su familia emitió un comunicado en el que dijo que al morir no tenía una sola célula cancerígena en su cuerpo. No se supo oficialmente sobre la causa de su muerte. En la cuenta de Twitter escribieron: "Él siempre decía que no podía esperar para comenzar esta próxima aventura y no tenía miedo de morir".

Wayne me enseñó muchas cosas. Una de las más importantes era su explicación simple sobre las dos emociones más grandes que nos gobiernan: el amor y el miedo, las que están detrás de todas las grandes motivaciones para la acción. Por amor o por miedo uno llega hasta donde sea.

Son como grandes sombrillas bajo las cuales viven otras emociones. La del amor es la misma de la responsabilidad, el respeto a nuestra dignidad, el tomar riesgos por nosotros mismos, dar saltos en la vida hacia nuestro propósito, por ejemplo. Por el contrario, la sombrilla del miedo nos invita a escondernos de nuestro propósito, hundiendo la cabeza como el avestruz, a procrastinar o aplazar permanentemente nuestros planes, a aguantarnos algo que no nos hace feliz o simplemente a dejar que la vida nos pase por delante sin darnos cuenta.

Al ser conscientes de esto podremos entender bajo cuál sombrilla estamos en cada momento, en cada día, y así poder tomar decisiones para asegurarnos de que nos estemos moviendo bajo la sombrilla del lado del amor.

Es muy fácil confundirnos. Por ejemplo, si vamos conduciendo y en un accidente atropellamos a una persona, llegará el ego a hacernos sentir miedo y culpa. Nos dará todos los argumentos racionales para que cada vez nos sintamos peor. Justo al frente de la culpa, en el espejo de las emociones que están bajo la sombrilla del amor, está la responsabilidad. Se parece a primera vista a la culpa, pero es el justo lo opuesto.

Si nos dejamos llevar por la culpa, sintiéndonos terrible, nos hundimos. Pero si nos movemos para asumir la responsabilidad del accidente y actuar en consecuencia, en vez de hundirnos nos empoderaremos y saldremos adelante.

La decisión de bajo qué sombrilla nos movemos —la del amor o la del miedo— es solo nuestra. La del amor nos conecta con la presencia del ser espiritual que somos y, por tanto, nos lleva a sentir plenitud y emociones elevadas profundas. La del miedo nos desconecta de ella y nos pretende hacer creer que la felicidad está en el tener, y que entre más tengamos más felices estaremos. *Por supuesto que podemos llegar a tener lo que queramos, pero sabiendo que lo crearemos desde el amor y con un para qué que involucre el servicio a los demás.*

La base, el punto de partida, para vivir cada vez más bajo la sombrilla del amor y tener una mayor frecuencia de emociones elevadas y más duraderas es el amor propio.

La magia parte del amor propio. El poder del "yo Soy".

El amor que queremos manifestar en nuestra vida empieza por el amor a nosotros mismos. Si no nos amamos, valoramos, respetamos, protegemos y cuidamos como el tesoro más grande, difícilmente lo harán los demás con nosotros. A quien no se quiere a sí mismo, pocos quieren y quieren poco.

Si no nos amamos a nosotros mismos, tampoco podremos amar bien a los demás.

Entendamos esto: ¿Quiénes ofenden? ¿Quiénes agreden, maltratan o insultan repetidamente? Los que están mal. Wayne decía "si tomas una naranja y la exprimes, ¿qué sale? Jugo de naranja, correcto. Si te exprimimos, ¿qué saldría? Todos damos de lo que tenemos adentro".

Por eso, al rescatar el amor por nosotros mismos, necesariamente este se reflejará en quienes amamos y en todo nuestro entorno. Cuando recomiendo que nos pongamos como prioridad estar bien —primero yo, segundo yo, y tercero yo— exalto la generosidad, pues entre mejor esté yo, mejor podré estar con los demás. Esto suena contrario al egoísmo.

¿Qué podemos hacer para estar bien? Un paso poderoso es usar el "yo Soy".

Ehyeh-Asher-Ehyeh —que traduciría "Yo Soy"— es uno de los Siete Nombres de Dios que tuvieron un cuidado especial por la tradición judía medieval. Estas palabras fueron justamente la respuesta que Dios dio en la zarza ardiente cuando Moisés le preguntó su nombre.

En el *Éxodo*, capítulo 3, versículos 13-14, dice: "Contestó Moisés a Dios: 'Si voy a los israelitas y les digo: El Dios de vuestros padres me ha enviado a vosotros; cuando me pregunten: "¿Cuál es su nombre?" ¿Qué les responderé?' Dijo Dios a Moisés: 'Yo soy el que soy'".

Moisés no comprendió esta respuesta y Dios siguió diciendo: "Yo soy el Dios de tus padres, el Dios de Abraham, Isaac y Jacob".

Y, en la parte final del versículo 15, Dios dice a Moisés: "Este es mi nombre para siempre, por él seré invocado de generación en generación".

Es la única vez que Dios "dio su nombre" en la *Biblia*.

Estas mismas palabras, "Yo Soy", fueron interpretadas por muchos estudiosos, particularmente por Wayne Dyer, como una expresión del poder creador de Dios para ser usada desde el amor por y para nosotros.

En otras palabras, según esta interpretación, cuando usamos el "Yo Soy" como afirmación de lo que queremos ser, desde el amor, nos ponemos en un estado que propicia el camino hacia nuestro sueño. Así, frases como "Yo soy abundancia", "Yo soy paz" o "Yo soy amor" nos llevarían precisamente a encontrar caminos para crear abundancia, paz o amor en nuestras vidas.

Basado en esto, les propongo hacer un ejercicio que el mismo Wayne sugirió.

1. Hagamos una larga lista de todas las cosas que quisiéramos que definieran nuestra vida. Por ejemplo, salud, abundancia, paz, felicidad, familia unida, vida próspera, vida profesional exitosa, etc.

2. Luego, tomemos esta lista y hagamos el cambio de la situación presente sobre cada cosa, que probablemente tenga un

"No soy", por un "Yo Soy" decidido. Asegurémonos que lo que siga al "Yo Soy" — es decir, cada expresión de nuestra la lista— esté siempre alineada con nuestro propósito, con emociones elevadas, y así en concordancia con Dios o con la inteligencia superior.

3. Por ejemplo, en vez de lo que repetir con frecuencia "no soy bueno para el amor", afirmemos: "Soy amor y vivo en amor". En vez de repetir "soy incapaz de ser feliz", escribiremos: "Soy muy feliz".

Así, decía Wayne, abrimos una puerta para acceder al apoyo de nuestro "Yo Superior": una conexión con nuestra intuición, que nos muestra caminos inesperados, y nos da ideas novedosas y un impulso para cumplir nuestros sueños.

La meditación nos abre la puerta a hacer Magia conscientemente.

Meditar no es poner la mente en blanco durante un periodo prolongado de tiempo. Si pensaban eso, quítenselo de la cabeza ya mismo. Meditar es, de fondo, ser conscientes de ustedes mismos para poder observar el momento presente, controlando la mente para que vuelva siempre a este punto.

Si les cuesta meditar, les recomiendo hacer meditaciones guiadas. El reto es siempre con ustedes mismos, traer su atención a la meditación, a la voz que los está guiando. Los pensamientos vendrán varias veces, no se aferren a ellos, no se dejen llevar... pero si lo hacen, sean conscientes de qué están pasando y traigan su mente de vuelta a la meditación. **Tantas veces como sea necesario, traigan su mente de vuelta al momento presente, una y otra vez.**

Meditar con el "yo Soy"

Esta meditación era la favorita de Wayne Dyer, la hacía en la mañana y en la noche.

La historia de la meditación arrancó cuando James Twyman, el autor del libro *El código de Moisés,* le pidió al experto en sonido Jonathan Goldman que creara una música que pudiera codificar el nombre de Dios y luego reproducir esa secuencia de sonido en una meditación. El experto usó un sistema llamado Gematria —que asigna números específicos a las palabras, como lo hacía la tradición de la Kabbalah— para encontrar con estos números los sonidos que equivalen a las palabras "Yo Soy El Que Soy".

Los pueden oír y usar para meditar en estos enlaces:

http://bit.ly/YoSoyLargaenIngles (esta viene con la explicación completa de Wayne en inglés).

http://bit.ly/YoSoyCortaenIngles (con una pequeña introducción de Wayne en inglés).

Wayne decía: "Cuando uso la meditación con la frecuencia del Código de Moisés, siento una profunda sensación de paz que hace eco de los mensajes de mi libro *Wishes Fulfilled (Deseos cumplidos).* Uso el mantra interno "Yo Soy" viéndome a mí mismo como si ya hubiera llegado a lo que puse en mi mente en cooperación con mi Yo Superior y reconociendo que mis deseos están en alineación divina".

El poder de la afirmación, el daño de la negación

El poder de la palabra, en este caso de las palabras de afirmación —como el "Yo Soy"— frente al daño que pueden causar las de negación que usamos frecuentemente —"No soy, soy malo en..., no sirvo para", etc.— también es explicado científicamente.

Los psiquiatras y profesores de las universidades de California y Thomas Jefferson, Andrew Newberg y Mark Waldman, en su libro *Las palabras pueden cambiar tu cerebro,* explican que cuando se escucha la palabra 'No' al comienzo de una conversación, el cerebro libera cortisol, la hormona del estrés que nos pone en alerta. De hecho, al "No" la identifican como la palabra más peligrosa en el mundo, y dicen que puede incluso dañar el cerebro de quien la dice y de quien la escucha.

Dicen los doctores Newberg y Waldman que, si fuéramos a hacer una resonancia magnética a una persona y le emitiéramos destellos de la palabra "No" por menos de un segundo, inmediatamente empezaríamos a ver una liberación de docenas de hormonas y neurotransmisores que producen estrés. Estos químicos interrumpen instantáneamente el funcionamiento normal de nuestro cerebro, afectando la lógica la razón el procesamiento de lenguaje y la comunicación.

"De hecho solamente ver una lista de palabras negativas por pocos segundos hace que una persona ansiosa o deprimida se sienta peor y entre más la persona rumie esas palabras negativas, más pueden dañarse estructuras claves que regulan la memoria, los sentimientos y las emociones. El sueño, el apetito y la habilidad de experimentar felicidad de largo plazo y satisfacción, son interrumpidos", dicen Newberg y Waldman.

Si eso es con solo ver una lista de palabras, imagínense el hecho de ocupar la mayor parte de nuestro tiempo, varias veces al día, con pensamientos negativos, preocupaciones, problemas, deudas, discusiones, miedos. La consecuencia es que nuestro cuerpo termina liberando neuroquímicos destructivos y, lo peor, es que son adictivos. Entre más rumiemos pensamientos negativos, más neuroquímicos destructivos, más adicción y entonces volveremos a caer fácilmente en el ciclo...

Si los pensamientos y palabras están cargados con rabia, peor aún, pues se interfiere, además, con los centros de decisión del cerebro, lo que incrementa la posibilidad de hacer tonterías que pueden causar mucho daño, de las que seguramente nos arrepentiremos.

Los doctores agregan que solo el hecho de estar con gente negativa es dañino y nos impulsa a tener prejuicios en contra de otros, que pueden llevarnos a más conflictos y negatividad.

Por el contrario, cuando escuchamos un 'Sí', se activa una liberación de dopamina, la hormona de la recompensa y el bienestar. Sabiendo esto, cuando los doctores les enseñan a los pacientes a darle la vuelta a sus pensamientos y palabras negativas y convertirlas en positivas, se observan mejoras en el autocontrol y la autoconfianza.

Ahora, no todo es tan fácil. Nuestro cerebro no reacciona tan rápidamente a las palabras positivas como a las negativas, pues no se siente amenazado. Entonces, para lograr que reaccione como queremos, debemos generar todos los pensamientos positivos que podamos, lo más frecuente y repetidamente posible.

Barbara Fredrickson, una de las fundadoras de Positive Psychology, asegura que necesitamos generar por lo menos tres pensamientos positivos por cada pensamiento negativo para neutralizarlo. Las investigaciones de los doctores Marcial Losada, en las empresas, y de John Gottman, con parejas de esposos, señalan que debemos generar por lo menos cinco mensajes positivos por cada mensaje negativo. Un mensaje negativo puede ser una negación con la cabeza, una expresión o mueca de desaprobación, o simplemente una frase sobre el desacuerdo con algo, sobre lo que no se esperaba, por ejemplo.

Historia de la precursora de la terapia con afirmaciones positivas: Louise Hay

Una gran pionera en la efectividad del poder de las palabras y de las afirmaciones positivas que la ciencia ha reconocido es Louise Hay. Mucho antes de que se corroborara públicamente su importancia, logró impactar positivamente miles de vidas.

Louise nació en un hogar muy pobre en los Estados Unidos. Sufrió de maltrato fuerte, por lo que muy joven se escapó de su casa y se fue a Nueva York. Allí se casó con un hombre con el que estuvo 14 años, con quien tampoco tuvo la mejor experiencia. Fue solo cuando ese matrimonio terminó que Louise comenzó su proceso para sanar interiormente, y desarrolló patrones de pensamiento positivo que la ayudaron a superar los traumas de su vida. Toda esta filosofía la escribió para los demás en su libro *Sana tu cuerpo*. Luego vino la prueba de fuego para ella.

A Louise le dio cáncer. Decidió entonces desarrollar y ejecutar un programa intensivo de visualizaciones y afirmaciones positivas con apoyo psicoterapéutico, acompañada de un cambio nutricional en vez del tratamiento convencional. Con su fórmula logró sanar del cáncer en seis meses.

Luego de esto escribió el libro *Usted puede sanar su vida*, que vendió más de cincuenta millones de ejemplares en el mundo. Adicionalmente, formó un grupo de ayuda con seis enfermos de SIDA, a quienes les enseñó visualizaciones y afirmaciones positivas. Obtuvo resultados sorprendentes con ellos, por lo que el "voz a voz" hizo que en menos de tres años el grupo creciera a ochocientas personas.

En sus libros, Louise recomienda hacer ejercicios frente al espejo. Mirarnos fijamente a los ojos y decirnos cuánto nos queremos, lo valiosos que somos, darnos aliento y fuerza, preferiblemente en voz alta. Así nuestro amor propio se fortalecerá, e igualmente nuestra autoconfianza y sentido de merecimiento, lo que se convertirá en herramienta fundamental para crear la vida que queremos.

Louise creó Hay House, una de mis editoriales favoritas en este tema, y publicó libros de Wayne Dyer, Anita Moorjani, Immaculée Ilibagiza, Doreen Virtue y muchos autores increíbles de crecimiento personal.

El pensamiento manda la señal de lo que queremos, la emoción es el magneto que atrae nuestra nueva realidad: Joe Dispenza

Esta afirmación de Dispenza, que sustenta en sus talleres, condensa el poder de unir el pensamiento y la emoción.

Se suma a la afirmación su colega y amigo Gregg Braden, en el libro *La matriz divina*, al explicar que las emociones elevadas "extienden su fuerza al mundo cuántico más allá de nuestros cuerpos".

Dice Gregg que, dado que "ya somos parte de la Matriz Divina, hace perfecto sentido que ya tengamos todo lo que necesitamos para comunicarnos con ella, sin necesidad de un manual de instrucciones o de entrenamiento especial. Y lo tenemos... El lenguaje de la conciencia parece ser la experiencia universal de la emoción. Ya sabemos cómo amar, odiar, temer y perdonar. Reconociendo que estas emociones son realmente las instrucciones para programar la Matriz Divina, podemos perfeccionar nuestras habilidades para entender mejor cómo traer alegría, sanación y paz a nuestras vidas".

Por su lado, los hallazgos científicos del HeartMath Institute en California, que se han reiterado en varios experimentos, permiten asegurar que el corazón genera el campo electromagnético más grande de nuestro cuerpo y que la información de nuestras emociones emitida por este centro energético, en efecto, se codifica en el campo electromagnético. Por lo tanto, al cambiar nuestras emociones, cambiamos también la información codificada en el campo alrededor nuestro, y así impactamos a quienes están alrededor nuestro.

De la misma manera que cuando sentimos rabia, enojo, frustración, entristecemos a quienes nos rodea; cuando sentimos compasión, amor, gratitud y entendimiento, nuestro corazón irradia un mensaje que se expresa en diferentes frecuencias electromagnéticas, que afectan positivamente a nuestro alrededor. Dicen los investigadores que tenemos nuestra propia firma energética que influye nuestro entorno.

Meditación de coherencia para preguntarle a tu corazón

¿Cómo es la meditación de coherencia corazón-cerebro? La aprendí también de Gregg Braden y Joe Dispenza, pero está expresada en varias tradiciones ancestrales, libros, etc.

Aquí te dejó cómo hacer para que la practiques:

1. Entra en meditación a través de la atención consciente en tu respiración. Explora con curiosidad cómo entra el aire por tus fosas nasales, como baja hasta tus pulmones y se regresa, una y otra vez.
2. Trae a la mente un recuerdo hermoso, un viaje, un paisaje, alguien con quien compartiste una experiencia que disfrutaste mucho. Mentalmente quédate exactamente en ese momento, permite que la sensación de alegría, de amor profundo, esa felicidad en el corazón recorra tu cuerpo. Ahora, agradece a Dios por haberte permitido vivirlo y disfrutarlo, quédate el máximo tiempo posible en ese momento exacto...
3. Luego pon tus manos en posición de oración, juntando las palmas, tocando suavemente tu pecho. Concentra toda tu atención al lado izquierdo de donde sientes tus manos, ahí sentirás tu corazón. Pon todo tu foco en él. Pocas personas lo logran al primer intento, pero lo lograrás con la práctica. Una vez puedas sentir tu corazón y tengas toda tu atención en él, formula la pregunta en tu cabeza. Como te decía, antes incluso de terminar de hacer la pregunta habrás sentido, oído en tu interior, o incluso visualizado la respuesta. Una sola palabra o imagen bastará.

Es una meditación increíble... Y me lleva, como lo prometí, a contarles el proceso que hice con fe para traer el amor que soñaba a mi vida. También Juan, mi esposo, les contará como me trajo él también.

Cómo *creé* a **J**uan y cómo **J**uan me creó a mí

Cuando me sentí preparada para reencontrar el amor, luego de mi separación, lo primero que hice fue escribir una carta que se llamó Gracias Dios mío. El subtítulo fue: *Mi nueva vida con Juli.*

Allí describí con el mayor detalle posible cómo iba a ser mi nueva vida en todos los sentidos, y particularmente cómo era mi nueva pareja ideal. Escribí desde su rango de edad y características físicas hasta su personalidad, como fluía nuestra relación y la relación de él con mi hija. Literalmente afirmé varias veces: "tengo una amorosa familia". También expresé exactamente lo que para mí significaba esta afirmación.

Luego busqué muchas imágenes en internet que representaran lo que yo quería. Imágenes de familias felices, en la montaña, en la playa, en una casa hermosa, meditando, jugando y riendo juntos en medio de abundancia; viajes, paisajes hermosos, mucho amor... Las descargué en mi computador e hice una carpeta especial con ellas que se llamó, también, "Mi nueva vida". Recorría las imágenes cada vez que podía, en medio de mi ajetreado trabajo, sintiendo que eran las fotos de mi vida, alegrándome y agradeciendo por mi nueva pareja y mi nueva familia.

Cada mañana, justo después de despertar, y cada noche, justo antes de dormir, hacía la meditación de coherencia, así:

Entraba en meditación poniendo toda la atención en mi respiración, en el aire que entraba en mi cuerpo, una y otra vez. Entraba y salía con él recorriendo el camino hasta llenar mis pulmones... luego relajaba todo mi cuerpo, parte por parte, de los pies a la cabeza, hasta sentirlo muy pesado y, a la vez, liberado de tensiones.

Empezaba a visualizar mi nueva vida en pareja, mi nueva casa, la vida con mi hija, rodeada de verde y al lado de una montaña, con Martina, mi golden retriever, y otro perrito. Las fotos que había guardado y recorrido mentalmente minutos antes eran de increíble ayuda en esta visualización.

Luego, continuaba recreando —muy lentamente— en mi propio cuerpo la sensación de ser amada, valorada, respetada, mirada como lo soñaba; sentía la felicidad y la plenitud del amor de pareja. Mantenía esta emoción el mayor tiempo posible en cada parte de mi cuerpo.

Agradecía profundamente sentirme amada, daba las gracias mentalmente, varias veces, hasta que sentía mi corazón lleno de gratitud... Repetía "gracias, gracias, gracias", incluso en voz alta. Profundizaba lo más que podía en la emoción hasta que sentía la certeza de que era ya realidad. Sentía la energía que desprendía el agradecimiento de mi cuerpo.

Luego entregaba a Dios mi deseo, soltaba cualquier pretensión de querer controlar el resultado. Se lo entregaba con fe, confiando en que lo que fuera mejor para mí sería exactamente lo que me pasaría —incluso si Dios decidía no darme ese amor—. Sabía que estaba en las mejores manos y me llenaba de tranquilidad saberlo.

De esta forma me desapegaba por completo del resultado, pero al mismo tiempo me comprometía con mi alma a dar todo el amor con la mayor generosidad y desprendimiento si mi pareja apareciera.

Esta última parte, el rendirnos, el entregar de verdad, el soltar el control, el confiar en la inteligencia divina, el *surrender* del inglés, me permitían dormir tranquila. Luego, entendí que además de dejarme dormir bien, esto ejercía un efecto poderoso en la creación de mi nueva vida.

Y así me creó Juan a mí en su vida

Les comparto el relato que le pedí a mi esposo que escribiera sobre el momento de su vida en el que él tuvo la certeza de haber mandado fuertemente esa señal al universo que me trajo a su vida:

Hace algunos años mi vida era muy distinta a la que tengo ahora. Vivía los últimos momentos de una etapa en la que busqué ser sacerdote y que, por diversas razones, no había podido llevar a buen término. Trabajé durante varios años como productor, realizador y locutor de una emisora católica en la ciudad de Medellín, donde residía en ese momento. Por desacuerdos con la dirección de esa emisora, renuncié a mi trabajo. Entré en una crisis y silencio de tipo espiritual.

Adicional a eso, también llevaba un duelo luego de que la novia que tenía en ese momento me terminara, me había partido el corazón en mil pedazos. Mis padres se encontraban enfermos y yo era el que los cuidaba. De alguna manera, la suma de todas esas variables me estaba enfermando. Me sentía cansado, triste y sin ilusiones, como dice la canción. Mi cuerpo me pesaba, no solo porque había subido de peso sino porque estaba metido en una energía, una realidad, que no me dejaban avanzar, crecer.

Fue entonces cuando decidí usar una estrategia que interiormente fui descubriendo, que producía en mí gran paz y alegría, a pesar de las dificultades. Y era esta: si te duele algo, déjalo que te duela, pero también déjalo ir rápido. Y luego, utiliza la emoción del agradecimiento. Porque, como siempre lo he dicho, un corazón agradecido es un corazón contento. Agradecer era la clave para sobreponerme y levantarme ante las adversidades. Pero no era agradecer por agradecer. Sin saberlo aún, pues todo esto era intuitivo, agradecí y sentí la emoción de lo que quería que fuera mi vida a partir de ese momento. Lo hacía con cierta regularidad.

Pero hubo un día que fue el punto de quiebre. Una tarde de un martes, recién llegaba de acompañar a mi madre de una cita médica en el hospital, me encontraba totalmente agotado, cansado, triste y lo único que quería era acostarme a dormir. No soportaba la energía de derrota, de enfermedad, de estar sin un propósito existencial que me estaba ahogando tanto hasta quitarme la respiración.

Me acosté a dormir. Serían las cinco de la tarde. Dormí como hasta las diez de la noche y al despertar caminé hasta la cocina de mi apartamento. Abrí la nevera, me serví y tomé un vaso de leche. Luego al verme como estaba, cerré los ojos y recostado sobre un mueble, sentí que mi alma hablaba como nunca lo había hecho antes. Y comencé a sentir una unión entre mis pensamientos y mi corazón. Una especie de entendimiento que hoy llamo coherencia. No reprochaba mi situación. Al contrario, agradecía y agradecía más y más. Y de mi corazón salieron estas palabras: Quiero otra vida. La vida que sí me pertenece y que existe en el corazón de Dios. Gracias por la mujer que entiende mi historia y la sabe amar, y por permitirme también entender y amar la historia de esa mujer con la que formaremos un amoroso hogar, y ayudaremos a otros a ser felices. Di gracias, y continué añadiendo detalles a esa petición-agradecimiento que estaba realizando en ese momento. Sentía que esa mujer ya existía, que me gustaba muchísimo, que era un ser evolucionado y equilibrado, que respiraba amor y bondad. Que me miraba con amor comprendiendo mi historia. Que ya tenía una vida realizada y que juntos realizábamos lo que ya en mi alma estaba impregnado, ese el deseo de servir y despertar a otros. Así mismo también sentía como yo era para esa mujer su complemento, el hombre que entendía y amaba su historia y propósito de vida. No dije nada más. Sentí que lo que acababa de pasar era lo correcto y solo era cuestión de esperar el tiempo justo y estar preparado para ver las señales que indicarían que esa persona la reconocería como tal.

Y el tiempo pasó, no sé con exactitud cuánto. Lo que sí sé es que cuando esa persona apareció supe que era ella. Era Carolina. Lo supe desde el momento en que mi corazón se estremeció cuando la vi iluminada, como si la persiguiera un reflector de luz angelical. Lo supe cuando una voz que escuché claramente en mi interior me dijo: "Tú perteneces a este lugar", y ese lugar es nada más y nada menos que el corazón de Dios reflejado en el corazón de Carolina.

Lo supe con mayor certeza cuando vi su sonrisa y la luz de sus ojos hermosos, cuando al abrazarnos por primera vez mi alma se salió de mi cuerpo y me vi, a mí mismo, por todos los lados. Sentí como si un escáner me recorriera toda el alma, mi vida. Todos los pedazos rotos se volvían a unir y mi ser quedaba como nuevo. Y esto que digo no es poesía, fue real, tanto que después de regresar en mí, luego del abrazo, casi me caigo al suelo; cosa que notó Carolina en ese momento.

Quiero decir que todos sabemos intuitivamente crear la vida que merecemos tener. Y que cuando no la tenemos, nuestro ser se rebela y no acepta esa situación. Y se rebela enfermándose, no teniendo paz, sintiendo intranquilidad, ansiedad, tristeza. Y es que el "Yo Soy" clama la verdad de ser lo que debe ser. Por eso pienso que la verdad realmente nos hace libres. Y que mientras ese "Yo Soy" no se exprese en cada uno como debe ser, que el amor no tome las riendas de la vida, no estaremos tranquilos.

Puedo afirmar lo siguiente con toda certeza: ella ya existía en mi corazón. Ella ya existía en mi universo. Lo que hice fue dar las gracias por lo que ya era una realidad en mi vida y sentí la emoción en mi cuerpo y en mi mente, y confié en que ya era un hecho esa vida que yo quería. Un corazón agradecido atrae lo bello del universo.

CAPÍTULO 5

**Ahora sí. Enfrentemos el miedo, estamos listos.
El miedo es solo un estado mental. El amor es el piso
en el que nos paramos para superarlo- el propio.
La fe es el antídoto más efectivo y nuestro propósito,
el mayor motivador. Tácticas efectivas.**

Todo lo que quieres está al otro lado del miedo.
Jack Canfield, Sopa de pollo para el alma

Aunque no me siento una persona extremadamente miedosa, por supuesto, reconozco que he sentido miedo cientos de veces. Algunas obvias como cuando ejercía el periodismo y cubría la situación de orden público en Colombia, y la guerrilla atacaba a bala los helicópteros en los que nos movíamos para cubrir una toma a algún pueblo del sur del país, o tenía que cubrir un fuego cruzado entre las autoridades y los guerrilleros, aún en la misma Bogotá, como cuando se tomaron las estaciones de Policía de Kennedy o La Calera; en esa época horrible que afortunadamente ya quedó en el pasado de mi país.

Otras veces lo sentía en situaciones menos obvias.

Empecé en el periodismo a los 20 años con Yamid Amat, uno de los periodistas más destacados del país, un gran maestro. Así como podía ser un dulce y amoroso jefe, podía también ser muy duro y exigente. Hoy lo adoro, pero cuando yo estaba como practicante en el noticiero, él me producía tanta admiración como miedo. Sin embargo, sabía que si quería llegar lejos en el periodismo aprender de Yamid era una oportunidad única. Como fuera tenía que enfrentar y manejar el miedo.

Cada día, cuando salía de la universidad y llegaba a la esquina del noticiero, con solo saber que estaba a segundos de entrar al consejo de redacción que dirigía Yamid, el miedo me producía un dolor de estómago intenso y, como consecuencia, éste se me inflaba automáticamente como un balón. Sin embargo, cuando me sentaba en la mesa del consejo con los "periodistas grandes", asumía la misma postura de ellos, ponía cara de seguridad, y respondía con la mayor firmeza que mi voz pudiera todas las preguntas que Yamid me hiciera. Fingía todos los días ser la más segura y tranquila, aunque debajo de mi chaqueta mi estómago inflado me recordara lo contrario. Hasta que de tanto fingir que no tenía miedo, este se me fue de verdad. Hoy le agradezco a Yamid haberme dado la oportunidad, no solo de aprender de periodismo, sino de haber sacado templanza en mí.

Más grande y madura también he tenido muchas veces miedos. A no ser aceptada, a no ser entendida, a ser juzgada, a quedarme sin trabajo y sin dinero, o sola; a cambiar un trabajo en el que estoy cómoda y segura por otro desconocido, incluso, a escribir este libro y que sea un fracaso... A este tipo de miedos me referiré particularmente en este capítulo.

Estos miedos son cosa seria si dejamos que se asienten en nuestra cabeza y nos dominen. Claramente nos frenan, nos paralizan. Para que eso no pase, y los superemos —porque nunca van a dejar de aparecer mientras seamos humanos— he estudiado y practicado varias técnicas que me han funcionado.

Primero, entendamos que el miedo es solo un estado mental

Lo primero que necesitamos entender es que los miedos no exis- ten, no son reales, están solo en nuestras cabezas. Es decir, no son algo que podamos ver, tocar, golpear. Son solo un estado mental que hemos creado nosotros a través de nuestros pensamientos. Como lo hemos creado, lo podemos también desaparecer.

Ya a esta altura del libro sabemos que, aunque haya muchas cosas que se nos escapan, justo nuestra propia mente, nuestros propios pensamientos, sí están bajo nuestro control. Sabemos también que cambiarlos no depende de nadie más sino de noso- tros mismos. Solo nosotros podemos ser conscientes de nuestro propio diálogo mental, de los pensamientos repetitivos: podemos cambiarlos por unos que nos favorezca, en vez de escoger los que nos hundan.

Tengamos presente que nuestro cerebro reacciona a las imáge- nes negativas producidas por el miedo como si fueran amenazas reales. Las partes del llamado cerebro reptil o primitivo, como la amígdala, se formaron cuando los primeros seres humanos sobre la tierra debían escoger entre salir a pelear para comer o huir ante la amenaza de animales que pudieran, por el contrario, comérse- los a ellos. Desde ahí las heredamos y aún operan igual: ante la amenaza, disparan señales de huida o pelea.

Cuando sentimos miedo, la primera pregunta que debemos hacernos es: ¿lo que estoy sintiendo responde a una amenaza real para mi vida o no? Como la gran mayoría de veces, la respuesta va a ser no. Al ser conscientes de que nuestra vida no está en jue- go, lograremos interrumpir la reacción de la amígdala en nuestro cerebro, y así podremos tomar de nuevo el control para calmar el miedo; de paso evitar que se cree una memoria de ese miedo en nuestro cerebro.

Sabremos que estamos teniendo éxito cuando, después de practicar, logramos suspender la reacción de la amígdala y cambiar conscientemente los pensamientos una y otra vez. Pasaremos de estar mal, tristes y estancados a sentirnos agradecidos, con luces sobre el futuro, esperanzados y empoderados. Cada vez esto será más frecuente.

Claramente podremos llegar a manejar al miedo, en vez de que este nos controle.

Cada vez que nos descubramos teniendo pensamientos repetitivos de un futuro paranoico lleno de problemas, con dolor, fracasos, pobreza y enfermedades, donde otros nos acechen para hacernos daño, hagamos un alto decidido y conscientemente cambiemos esos pensamientos de miedo por otros que evoquen fe, agradecimiento por lo que tenemos, llenos de posibilidades positivas; en fin, por pensamientos de la vida que queremos lograr. Reitero: cambiarlos depende solo de nosotros, de nadie más.

Al principio superar los miedos, cambiando esos pensamientos que los originan y refuerzan, cuesta trabajo. Como la primera vez que, como adultos sedentarios, decidimos empezar a hacer ejercicios y tratamos de tocarnos la punta de los pies sin doblar las rodillas. Nos duele y tenemos mucha dificultad para realizarlo bien, pero entre más intentamos, más flexibles nos volvemos hasta lograrlo. Igual pasa con nuestro detector de pensamientos atemorizantes y esa instrucción de cambio por unos pensamientos mejores. Como lo decía, poco a poco lo vamos logrando, y así nos sentiremos mejor.

Nosotros también podemos decidir a quién escuchamos y a quién no, qué influencia nos conviene y cuál no, a quién creerle y a quién no. Tenemos el poder de abrirle la puerta de nuestra mente solo a aquellos que nos refuercen la construcción de un futuro positivo y también el poder de cerrársela a quienes, incluso con buenas intenciones, nos refuercen nuestros miedos y limitaciones. Por amor a nosotros mismos hay que ejercer ese poder: abrir a quien nos empodera y cerrar a quien nos atemoriza.

Muchas veces los amigos, la pareja y la propia familia, con las intenciones positivas de cuidarnos, nos meten —y los dejamos— muchos miedos. "No hagas eso porque te va a ir mal", "aguántate ese trabajo, aunque te haga sufrir, porque finalmente necesitas el sueldo y no vas a conseguir otra opción"; "no te desgastes por cumplir unos sueños imposibles, toma lo primero que encuentres. Si no lo haces, te vas a arrepentir"; "aguántate a tu marido o esposa porque no vas a conseguir otro, mejor malo conocido que bueno por conocer"; "no pidas un aumento de sueldo, ni que te asciendan, porque seguro no te lo van a dar o te puede ir mal", y muchas frases más de este estilo que todos reconocemos fácilmente.

También están las clásicas advertencias y amenazas de múltiples males que llegarán —que inocentemente terminamos creyendo, consciente o inconscientemente, aunque sepamos que *absolutamente nadie puede predecir el futuro*— como: "te vas a enfermar", "te van a fregar", "te vas a acabar por andar persiguiendo tus sueños", "te vas a envejecer", "te vas a quedar pobre toda la vida", "vas a fracasar, no vas a servir para eso", etc.

No quiero negar la existencia de los problemas o los riesgos, lo que quiero decir contundentemente es que, si nos concentramos en ellos, viviremos en ellos. Los pensamientos tienen un poder increíble para ayudarnos a crear realidades. Una cosa es cuidarnos y pensar en soluciones a los problemas. Otra muy diferente es rumiar mentalmente esos mismos problemas, y los posibles riesgos, errores, obstáculos y enemigos, en vez de concentrar nuestra energía y nuestro valioso tiempo mental en objetivos y los planes para cumplirlos. Vivir viendo problemas en vez de soluciones nos encierra aún más, y nos mete en laberintos mentales absurdos y cada vez más complicados.

Una vez más lo digo: *controlar nuestros propios pensamientos es esencial, clave, fundamental para lograr crear nuestra vida ideal.* Haremos énfasis en la importancia de tener pensamientos que nos empoderen y nos impulsen hacia arriba, en vez de aquellos que limiten, frenen y coarten nuestros objetivos.

Identifiquemos con honestidad brutal nuestros miedos

Concentrémonos ahora en entender nuestros miedos para poder vencerlos, pues hay que conocer al enemigo para acabarlo. Una de las mejores explicaciones que he encontrado sobre los miedos es la de Napoleón Hill en su libro *Think and Grow Rich*. En este, Hill comparte la fórmula de éxito que le transmitió el millonario norteamericano Andrew Carnegie cuando le comisionó el libro, y la misma fórmula que corroboró con centenares de personas exitosas durante más de 20 años. El libro fue publicado en 1960 y se sigue vendiendo como arroz. Acá les resumiré algunos de los puntos más importantes que menciona sobre el miedo, pues son claros y contundentes.

El autor dice que los tres enemigos más peligrosos que hay que superar son la indecisión, la duda y el miedo. Los tres van de la mano: la indecisión se cristaliza en duda y ambas se mezclan en el miedo en un proceso que ocurre lentamente y que, por lo general, pasa desapercibido.

Hill describe lo que llama los seis miedos básicos, los que más sufrimos los seres humanos a lo largo de nuestra vida. Los demás miedos se derivan de estos. Los tres que están detrás de la mayoría de nuestras preocupaciones son: el miedo a la pobreza, a ser criticado, y a la enfermedad. Los otros tres son el miedo a perder el amor de alguien, a envejecer y a la muerte. Vamos a recorrerlos uno a uno.

El miedo a la pobreza: el más destructivo de todos.

Este miedo es tremendamente peligroso. Si nos dejamos manejar por él, nos puede cerrar prácticamente todas las posibilidades de éxito.

Por esta angustia soportamos trabajos que nos hacen infelices o jefes maltratadores, dejamos que otros nos irrespeten y nos pisoteen. Este miedo baja la autoestima a niveles mínimos: nos hace sentir poca cosa, incapaces y hasta creer, consciente o inconscientemente, que no merecemos abundancia ni riqueza —no me refiero solo a nivel material, sino a la riqueza extensiva a todos los demás ámbitos—.

Este miedo nos atrapa en la incertidumbre y, así, se nos aplaca la imaginación, la creatividad, el entusiasmo y la iniciativa. Nos impide concentrarnos en lo que es realmente importante, nos aleja de nuestro propósito llevándonos a aplazar una y otra vez lo que sabemos que es mejor para nosotros.

Es tan peligroso el miedo a la pobreza que va matando el amor y las emociones más hermosas. Puede dividir familias, acabar con amistades valiosas, destruir por completo la noción de que podemos manejar nuestras vidas.

En el libro, Hill recomienda buscar estos síntomas y reconocerlos en nuestro autoexamen para saber si tenemos miedo a la pobreza:

1. **Indiferencia:** se expresa comúnmente en la falta de ambición, la tolerancia de la pobreza, la aceptación de cualquier sueldo o compensación que nos den, pereza física y mental, falta de iniciativa, de imaginación, de entusiasmo y de autocontrol.
2. **Indecisión:** el hábito de permitir que otros hagan por uno, quedarse "en la barrera".
3. **Duda:** se expresa a través de excusas para justificar, explicar o disculpar fallas, errores, falta de acción, y de usar el si con-

dicional: "si yo tuviera o hubiera tenido...", "si me dieran o me hubieran dado...", "si hubiera nacido en otra cuna...". La duda sobre uno mismo se expresa también en ocasiones como envidia y crítica a quienes son exitosos.

4. **Preocupación:** se expresa en rumiar excesivamente pensamientos sobre cosas que no han pasado y que, con alta probabilidad, no pasarán. O en buscar culpables por lo que me preocupa.

5. **El hábito** de ver el lado negativo de todo, hablar y pensar en las posibles fallas y problemas que pueden ocurrir en vez de utilizar esa misma capacidad de análisis para encontrar los caminos para el éxito. Encontrar todos los caminos hacia el fracaso, en vez de buscar los planes para evitar esos caminos. Siempre esperar "el mejor momento" para poner los planes en acción, y terminar convirtiendo esa espera en un hábito permanente. Acordarse de todos los que han fallado en vez de todos los que han tenido éxito.

6. **Dilatar:** retrasar todo, dejar para mañana lo que puede hacerse hoy. Pasar el tiempo con justificaciones y excusas para la inacción. La negativa a aceptar responsabilidades si estas pueden evitarse. Aceptar migajas en vez de exigir prosperidad y felicidad.

Dice Hill que "los dos caminos que llevan a la pobreza y a la riqueza van en direcciones opuestas. Si quieres riqueza, debes rehusar aceptar cualquier circunstancia que lleve a la pobreza".

Al reconocer con honestidad total si tenemos los síntomas de este listado, podremos tomar consciencia sobre los pensamientos, actitudes y hábitos que debemos cambiar. Todo cambio inicia con admitir la verdad de lo que estamos pensando y haciendo.

Luego viene lo esencial: cambiar nuestros pensamientos de miedo por aquellos que nos empoderen, que nos den valor. Así tomaremos decisiones diferentes a las que siempre hemos escogido y, por lo tanto, actuaremos, experimentaremos y crearemos pensamientos novedosos para iniciar y repetir un nuevo ciclo positivo, en vez del piloto automático negativo del pasado.

Debemos tener la certeza de que la abundancia es ilimitada, como la productividad. Nadie tiene que ser más pobre para que otro sea más rico, realmente no hay techo en la generación de riqueza en el planeta. Lo contrario es una creencia limitante muy común que muchos tenemos arraigada y que debemos que destruir. De eso hablaré más adelante. Sigamos con los otros miedos descritos por Hill.

El temor a la crítica

Es también un temor muy común y muy destructivo.

Usualmente viene desde niños por querer complacer a nuestros padres, quienes suelen ser nuestros primeros críticos. Luego crecemos y queremos complacer al resto de la familia, amigos, maestros, pareja, colegas, hijos... al mundo entero. Normalmente no queremos ser señalados ni excluidos. Por lo tanto, es común querer evitar la crítica.

La crítica a otros nos fluye fácil a los seres humanos y, por lo general, estamos listos a hacerla con la más mínima incitación. Nos sentimos con autoridad para criticar a familiares, amigos, colegas, jefes, etc., y más aún a figuras públicas de la farándula, deporte o política. Invertimos mucho de nuestro tiempo en criticar a otros y se nos vuelve una costumbre y una adicción.

La misma autoridad para criticar la sienten los demás hacia nosotros. Como somos criticones, no queremos ser víctimas de otros iguales. Sabemos que la crítica puede dañar autoestimas, proyectos, carreras, relaciones y vidas. Por eso le tememos tanto.

Estos son los síntomas del miedo a la crítica que identifica Napoleón Hill, para reconocer cuáles tenemos:

1. **Timidez:** se expresa en nerviosismo, particularmente en el encuentro con personas desconocidas. Se puede ver reflejado en movimientos tipo tic nervioso de manos o pies, o en la dificultad de sostener la mirada.

2. **Falta de serenidad:** se traduce en falta de control en la voz, mala postura en frente de otros, no poder retener con la memoria lo que se acaba justo de decir en la conversación.

3. **En la personalidad:** falta de firmeza en las decisiones, de habilidad para expresar opiniones firmes o estar de acuerdo con otros sin siquiera haber profundizado en sus opiniones.

4. **Complejo de inferioridad:** se manifiesta en la costumbre de expresar, verbalmente o con acciones, una constante aprobación a otros para ocultar la sensación de inferioridad. Imitar a otros a quien se considera "superiores" o utilizar palabras complejas para descrestar aún sin conocer bien su significado, o alardear de logros imaginarios.

5. **Extravagancia:** gastar más de lo que se gana para aparentar ante los demás.

6. **Falta de iniciativa:** falta de confianza en las propias ideas, no aprovechar las oportunidades que se presentan.

7. **Falta de ambición:** se expresa con frecuencia a través de pereza física y mental, lentitud para tomar decisiones, ser fácilmente influenciable, criticar a las espaldas y halagar de frente a quienes sí tienen ambición y están en el camino de lograr sus metas, aceptar la derrota sin protestar, abandonar al sentirse mínimamente atacado, sospechar de otros sin causa y no aceptar la responsabilidad de los errores propios.

¿Reconocen en ustedes algunos de estos síntomas? Si es así, es una buena noticia. Este es un gran paso para cambiar. No solo tenemos que aceptar ese miedo, sino empezar a ser conscientes en el día a día, en los mismos momentos en que estamos actuando alguno de estos síntomas, y desde ahí mismo generar el cambio: pensar, decidir y actuar diferente. Así veremos nuevos resultados.

Es clave entonces repetirnos —las veces sea necesario— que mientras tengamos la consciencia tranquila y estemos obrando bien, ¡nada importa lo que digan los demás!

El temor a la enfermedad.

Es el tercer temor más común, según Hill. Por el solo temor a la enfermedad y vivir pensando en ella podemos empezar a tener síntomas aún sin que exista una causa real. De hecho, se estima que entre el 10 % y el 20 % de la población padece de hipocondría. Una vez más se confirma lo poderosa que es la mente.

Las desilusiones y frustraciones profesionales o laborales, o los fracasos o problemas en las relaciones amorosas pueden activar también el temor a la enfermedad, y llegan incluso a enfermar a las personas.

Los síntomas descritos por Napoleón Hill de este temor son:

1. **Autosugestión:** Sufren de ella quienes se dedican a buscarse y esperan encontrarse síntomas de todas las enfermedades. Hablan a otros de malestares, cirugías, accidentes y otras formas de enfermedad. Disfrutan de enfermedades imaginarias y hablan de ellas como si fueran reales.
2. **Hipocondría:** el hábito de pensar y hablar de una enfermedad hasta que esta muestra síntomas sin ninguna causa. Evidentemente se produce por pensamientos negativos, repetitivos y de temor.
3. **Falta de ejercicio físico:** el temor a la enfermedad impide con frecuencia hacer un ejercicio físico adecuado y, por lo general, tiene como resultado el sobrepeso, y aparecen obviamente las excusas para no hacerlo basadas en problemas de salud.

4. **Sistema inmune débil:** El temor a la enfermedad también debilita las defensas del cuerpo y permite con mayor facilidad que se incuben virus y enfermedades en general.

5. **Auto consentimiento:** es el hábito de buscar cariño o atención a través de una enfermedad imaginaria. Se manifiesta también cuando se evita ir al trabajo o cumplir con responsabilidades por una supuesta enfermedad.

6. **Costumbre de usar remedios para todo:** es el hábito de usar con frecuencia medicamentos (incluso alcohol o drogas) para eliminar los dolores, en vez de buscar y eliminar la causa real.

De nuevo, hagamos un alto en el camino y reflexionemos en qué medida sufrimos de alguno de estos síntomas: ¿Qué tanto pensamos en que nos podemos enfermar o en que nos enfermaremos? ¿Qué tanto pasa por nuestra mente en que algo debe estar muy mal en nuestros cuerpos? ¿Por qué no bajamos de peso como queremos, se nos cae el pelo, o la piel está reseca? ¿Por qué sufrimos de indigestión o estreñimiento?

Cuando vayamos al médico para consultar por estos síntomas no vayamos llenos de miedo y pesimismo. En cambio, pensemos que tenemos cuerpos maravillosos, que la naturaleza es sabia; que si llegáramos a tener algún mal, el médico y la ciencia seguramente nos curarán.

Seamos conscientes de nuestros pensamientos de temor a la enfermedad y empecemos a vigilar nuestra mente. Cada vez que nos lleguen, cambiémoslos por pensamientos y emociones de estar muy sanos, vitales, llenos de fuerza y energía, es decir, por pensamientos que nos empoderen para cuidarnos en la alimentación, para hacer ejercicio y para mantenernos sanos.

El temor a la pérdida del amor

Es tal vez el temor más doloroso de todos, causa más daños
al cuerpo y a la mente que los otros temores básicos.

Estos son los síntomas:

1. **Los celos.** Los horrorosos celos, que hacen sufrir al que los
   siente y a su pareja de maneras absurdas, son el primer síntoma de este temor. Son el hábito de sospechar sin eviden-
   cia razonable, malinterpretando cualquier circunstancia de la
   pareja, los amigos o personas queridas. Parten de la falta de
   autoconfianza e inseguridades, de la sensación de no merecer
   y de no tener fe en nadie.

2. **Descubrir imperfecciones:** el hábito de descubrir imperfecciones en la gente cercana, ya sean amigos, familia, o socios a la
   menor provocación.

3. **Tomar riesgos para no perder el amor:** por ejemplo, conseguir
   dinero buscando complacer a la persona amada a través de
   juegos de apuestas, préstamos con altos intereses, juegos de
   casino, etc., o mentir para aparentar ser algo que no somos o
   que no tenemos pensando que nos ayudará a retener a nuestra
   persona amada.

A esta altura ya deben saber si sufren de temor de perder a
quien aman. Si el síntoma son los celos, el trabajo se debe centrar
en el amor propio, en valorarnos y afianzar nuestra seguridad.
Cuando nos sentimos seguros, en lo que somos, en lo que vale-
mos, los celos desaparecen.

Nuevamente la clave está en los pensamientos que tengamos
sobre nosotros mismos, en la afirmación o negación que hagamos
en nuestra mente sobre nuestro propio valor, sobre lo que nos

merecemos o no. En la medida en que más nos queramos, entre más amor nos tengamos, más fácil será confiar también en nuestra pareja y más tranquilos vamos a estar. Aún si hubiera una infidelidad, sabríamos reaccionar mejor si nos valoramos, respetamos, y nos damos nuestro lugar.

Los síntomas dos y tres exigen también atención y consciencia sobre nuestro actuar y pensar. Cada vez que encontremos imperfecciones en otros por el menor motivo, seamos consciente de que lo estamos haciendo y con decisión revirtamos el proceso. De igual forma con el juego o el hecho de estar tomando riesgos solo para conseguir dinero, y así conquistar o complacer a la persona amada u objeto del deseo.

Entre más conscientes seamos de nosotros mismos, de nuestros pensamientos y acciones, más nos descubriremos cuando estemos pensando o haciendo cosas que nos hacen daño, que refuerzan nuestros temores. Por lo tanto, tendremos más margen de maniobra para darle la vuelta y no volver a caer en conductas que nos hacen tanto daño.

El temor a la vejez

Este temor está asociado a varios de los anteriores. Pensamos que con la vejez perderemos nuestro dinero, o la salud, o el amor de quienes amamos. Nos proyectamos siendo una carga molesta para los demás, un estorbo. Nos visualizamos perdiendo la libertad de movimiento, la independencia, el placer físico de la sexualidad, enfermándonos y muchas veces recluyéndonos en asilos.

Entre los síntomas más comunes de este temor se encuentra la tendencia a dejar de hacer ejercicio "por la edad" y desarrollar un complejo de inferioridad porque sentimos que "estamos muy viejos" —típicamente comienza entre los 40 o 50 años—, el hábito de hablar de uno mismo siempre pidiendo disculpas por "que a esta edad ya no..." o porque nos falta memoria por los años, en lugar de expresar gratitud por haber llegado a una edad de madurez increíble donde tenemos la otra mitad de la vida por delante. También, el hábito de matar la iniciativa la imaginación y la confianza en uno mismo por creer equivocadamente que se es demasiado viejo para andar creando proyectos o para desarrollarlos.

¿Tenemos estos pensamientos? ¿Con qué frecuencia? ¿Damos por hecho que la vejez viene así y no hay nada que hacer, pues es ley de la vida y está decretado? Hay miles de ejemplos que demuestran lo contrario, pero quienes sufren de este temor se apegan a los ejemplos que reafirman sus temores, en vez de los que los refutan. Sienten que es una verdad inexorable de la que no hay escapatoria y, como consecuencia, no hacen nada por impedir que ese futuro deprimente llegue.

Bueno, pues si nos hemos descubierto con este temor es hora de actuar, de cambiar las creencias que se nos han arraigado durante años en la cabeza y convencernos de que seremos uno más de cientos de excepciones a esta supuesta regla de que la vejez es mala. Si lo creemos y tomamos las decisiones adecuadas de alimentación y cuidado físico, y sobre todo un cambio de pensamientos, tendremos el terreno abonado para una maravillosa continuación de nuestra vida por muchos años.

El temor a la muerte

También es un temor muy común. En muchos casos, no tememos por nosotros mismos, sino por los apegos a bienes materiales que nos ha costado mucho conseguir y no queremos perder. O tememos por la muerte de quienes amamos o por quienes sentimos que nos necesitan vivos, como pueden ser nuestros hijos, hermanos, padres, parejas o amigos.

En este último caso, pensamos que sin nosotros los demás quedarán a la deriva. Puede haber muchas razones "lógicas" para pensarlo. Sin embargo, dejar de hacer cosas por nosotros mismos por ese temor va, obviamente, en nuestra contra.

Hay quienes por el temor a la muerte se paralizan, frenan sus sueños, o se esclavizan en vidas de sacrificio y sufrimiento, porque no ven otra salida y terminan haciendo realidad su peor temor: se vuelven muertos en vida.

La fe es un gran aliado para manejar cualquier miedo y, en particular, este temor. Ya sea la fe en Dios, en una inteligencia superior, o en el poder del universo. La fe que nos dice que cuando muramos, todo estará en manos de Dios, en las de esa inteligencia superior, o en las del equilibrio del universo, y así todo transcurrirá de la mejor manera.

Otro aliado es vivir en el momento, reconocer que el pasado ya pasó y el futuro no existe aún. *Concentrarnos con atención plena en el momento que estamos viviendo.* Joe Dispenza dice que cuando vivimos el momento, desaparecen todos los problemas, cuando estamos en el ahora, como ustedes leyendo justo esta línea, no existe nada más. En este mismo instante solo existe esta línea en su cabeza, nada, nada, nada más. Así, viviendo el ahora, construimos un mejor futuro para nosotros y para los que nos rodean.

También la mente racional tiene de qué aferrarse para enfrentar el miedo a la muerte. La física nos dice que todo en el planeta, incluidos nosotros mismos, es energía, y que la energía no se crea ni se destruye, sino que se transforma. La muerte entonces es solo eso un proceso de transición a otra forma de energía.

Si logramos darle la vuelta a este temor y volverlo una gran fuerza que nos impulse desde ya a no perder el tiempo y a invertirlo bien en nosotros mismos, a no perder ni un minuto para encaminarnos a nuestros sueños, para dar los pasos que necesitemos día a día, establecer nuestras "metas volantes", celebrar nuestros triunfos y a aprender de los fracasos para levantarnos con más fuerza y decisión, corregir y reiterar, habremos ganado la batalla, una gran batalla.

Estos son otros miedos comunes:

- **El miedo al fracaso.** Es muy común y viene de la creencia errada de que "equivocarse es malo". Está clarísimo que de los errores se aprende, y cuando hay aprendizaje siempre hay ganancia para el futuro. Empresas gigantes de la era digital usan el fracaso como método para aprender e iterar. De hecho, Google, por ejemplo, tiene más proyectos fracasados que exitosos, pero gracias a los aprendizajes que les ha dejado los fracasos, sus éxitos han sido rotundos y contundentes. Es peor no intentar, que probar, errar y aprender para la vida.
- **Miedo a sufrir.** Claro que nadie lo quiere, pero se sufre más con el estrés de un probable sufrimiento, y en la resistencia para no tomar una decisión, que después de haberla tomado. Por lo general, las preocupaciones nos afectan más que los hechos reales. Además, el sufrimiento, como el error, nos conducen a aprender. No podemos condenarlos, en cambio, debemos aprovecharlos para entender sus "porqués" y sus "para qué".
- **Miedo a estar solos.** Por este miedo muchas personas aguantan parejas, hijos, padres o amigos tóxicos. La frase popular de "es mejor estar solos que mal acompañados" es cierta. Pero, cuando actuamos desde nuestro amor propio, haciéndonos respetar y valorando nuestra dignidad, rompemos relaciones que nos hacen daño. La magia siempre se encarga de traernos a las personas correctas. No es sino cambiar nuestra energía para empezar a atraer personas diferentes.
- **Miedo a parecer tontos.** Mientras estemos actuando bajo nuestro propósito, desde el amor y el deseo de bien, si alguien pudiera creer que somos tontos por hacerlo, el problema sería de esa persona y no nuestro. Los hechos nos darán la razón.

- **Miedo al éxito.** Normalmente proviene de sentir que no hacemos méritos, y de creencias limitantes. Hagamos el ejercicio del método Lefkoe del capítulo 2. Conscientemente cambiemos este miedo por la certeza de que merecemos la abundancia y la prosperidad. Si hacemos lo correcto, siempre guiados por el amor que empieza por el propio, el éxito vendrá como consecuencia.

Vamos a las estrategias y técnicas para superar nuestros miedos.

La consciencia del amor propio

Justo como lo acabo de mencionar, el amor es el suelo en el que nos paramos para superar el miedo, particularmente el propio. Para vencer el miedo, creamos en nosotros mismos y en nuestra capacidad. Si nos cuesta, hagamos lo necesario para convencernos profundamente de que podemos. Nuestros poderes del pensamiento y las emociones elevadas son los instrumentos más grandiosos para lograrlo.

Dice Wayne Dyer en su libro *Tus zonas sagradas:* "Si se ama a sí mismo, será capaz de transformar sus miedos mediante el amor, y no permitirá que dirijan su vida... Si tiene una sensación interna de estar completo, de conocer la esencia divina, el miedo se convierte en una amorosa invitación a saber más o a cambiar algo en su vida... No hay nada que temer cuando uno sabe que es una criatura divina y está completo, y que no tiene que hacer nada para demostrarlo."

La fe de verdad

La fe es el antídoto más poderoso contra los miedos.

A veces le pregunto a la gente si tienen fe, la mayoría me dicen que sí. Luego les pregunto qué no los deja dormir tranquilos y me cuentan sus preocupaciones laborales, familiares, económicas, etc. Yo les pregunto entonces que, ya que tienen fe, ¿por qué no entregan sus preocupaciones a Dios? Si uno tiene fe de verdad, sabe que todo está en las mejores manos. Así uno duerme tranquilo. Si uno se aferra a las preocupaciones es porque aún quiere mantener el control sobre lo que pasa. Justamente esto es lo opuesto a tener fe.

Cuando uno tiene fe, puede entregar los miedos con la certeza de que todo saldrá bien. La fe profunda es un gran antídoto para el miedo.

Nuestro propósito es el mayor motivador

Cada vez que tengamos miedo traigamos a nuestra mente ese gran propósito que nos impulsa, el gran motivador, y dejémonos llevar por este. Si está arraigado en nuestro corazón, se pondrá por encima de cualquier temor y nos ayudará a tomar el camino correcto.

Tener a la mano imágenes que nos recuerden nuestro propósito (fotos, símbolos, etc.) es clave para actuar antes de que el miedo nos domine. Por ejemplo, si nuestro motivador son personas amadas, tengamos a la mano una foto de ellos que solo con verla nos impulse a la acción.

Las fotos de personas amadas, hijos, padres, hermanos, amigos, actúan a favor en dos vías: por una parte, te disparan a la acción; por otra parte, la neurociencia está descubriendo que ver las fotos hace que la amígdala tienda a sentir menos pánico al recordarnos que somos amados, o que podemos ser amados.

La técnica de la aceptación

Kristy Dalrymple, profesora clínica adjunta de Psiquiatría y Conducta Humana en la Escuela de Medicina Alpert de la Universidad Brown, dice: "cuanto más tratas de suprimir el miedo, ya sea ignorándolo o haciendo otra cosa para desplazarlo, más lo experimentas".

En el artículo Cómo controlar el miedo, escrito por Kate Murphy y publicado por el *New York Times*, la doctora Dalrymple propone la terapia de aceptación y compromiso para manejar el miedo. "Esta terapia alienta a las personas a aceptar que sienten miedo y a examinar sus causas, y a pensar sobre sus valores y cómo el comprometerse con superar el miedo sería congruente con quienes quieren ser. Este enfoque hace que las personas tengan un pensamiento de orden superior, el cual en teoría inhabilita o reduce la respuesta de la amígdala.", explica.

Un ejercicio interesante es acercarnos a nuestros miedos conscientemente, como si fuéramos a ser amigos. Dejémoslos fluir y sintamos en nuestro cuerpo cómo se manifiestan: ¿Nos acelera el corazón? ¿Salivamos, enrojecemos o sudamos? Seamos conscientes de que ese miedo es solo una sensación en el cuerpo como cualquier otra y que, como todas, pasará... no nos vamos a morir por sentirlo. Experimentarlo es algo normal de la naturaleza humana, y esa sensación en el cuerpo pronto será reemplazada por otra. Respiremos, traigamos imágenes de amor, felicidad paz a nuestra mente, y reemplacemos la emoción incómoda del miedo por una nueva que nos guste.

Sepamos que de la misma manera en que nos contagiamos el miedo los unos a los otros, también podemos contagiar la tranquilidad, la fortaleza, y la calma.

Imagina el peor escenario

¿Qué sería lo peor que pueda pasar? ¿Qué alternativas tendríamos si pasará? Muchas veces dar respuesta a estas dos preguntas nos lleva a la conclusión de que el peor escenario realmente es manejable y que siempre hay alternativas. La mayoría de nuestros miedos son solo imaginaciones de situaciones que realmente nunca llegan a pasar.

También, cuando pensamos en situaciones extremas y las comparamos con nuestra situación actual, podemos entender que estamos realmente bien y tranquilizar el miedo.

Para contrarrestar la parálisis del miedo, una táctica adicional: el conteo regresivo de 5 a 1

Mel Robbins es hoy una conferencista y motivadora muy importante en Estados Unidos. Es comentarista de CNN y escritora en importantes medios. A raíz de un momento muy duro en su vida, del que no veía salida, creó **la regla de los cinco segundos.**

Según esta regla, cuando queremos hacer algo, tenemos cinco segundos para actuar o nuestro cerebro empezará a buscar excusas para que no lo hagamos. La recomendación es hacernos un conteo regresivo, como en el lanzamiento de un cohete, y ¡lanzarnos!

Mel Robbins en su libro dice literalmente: "En el momento en que tengas una intuición para actuar en un objetivo, debes moverte físicamente en cinco segundos o tu cerebro te detendrá. 5, 4, 3, 2, 1, ¡Ya!".

Prueben, ¡es increíble cómo funciona! Es como darnos una orden e impedir que el cerebro nos frene. Antes de que nos hayamos dado cuenta, ya estamos en acción.

Para cerrar este capítulo, los invito a ver el miedo como un gran maestro que nos reta para sacar lo mejor de nosotros mismos, para que salgamos de nuestra zona de confort, crezcamos y lleguemos más allá de lo que hubiéramos imaginado. Una vez lo hayamos hecho, vamos a experimentar el placer de habernos liberado de él y darnos cuenta, como dice Michael Jordan, de que "los límites, como los temores, son solo una ilusión".

CAPÍTULO 6

Pasemos a la acción: tomemos control de nuestra vida. Decisiones profundas, nuestro plan y los hábitos que lo hacen posible. Magia consciente en ejecución.

La grandeza no es una función de las circunstancias. La grandeza resulta ser en gran medida una cuestión de elección consciente y de disciplina.
Jim Collins, consultor, escritor y conferencista

Si no diseñas tu propio plan de vida, es probable que te caigas en el plan de vida de otra persona. ¿Y adivina qué han planeado para ti? No mucho.
Jim Rohn, empresario, autor y orador estadounidense

Rompamos con la "comodidad", es enemiga de la felicidad

A mí me tocó aprender a la brava esa lección: la comodidad es enemiga y nos aleja de la felicidad.

En un momento de mi vida me sentía muy cómoda y creía que eso era ser feliz, porque la comodidad nos confunde, nos hace creer que estamos bien y que, si nos quedamos justo ahí "calientitos", sin movernos, está perfecto. Nos dice que "mal que bien algo tenemos", que no podemos ser malagradecidos. Nos impide ir a buscar más para nosotros.

Yo tenía un matrimonio cómodo, estable, donde nos repartíamos las cargas de la vida en común. También tenía un trabajo cómodo en el que había llegado a un punto que no me costaba esforzarme: seguía las mismas rutinas en automático, tenía un sueldo que cubría mis necesidades. ¿Mi salud? Sin mayor sobresalto. Creía que ese estado estaba bien, y acaso: ¿por qué no habría de estarlo?

Entonces empezaron las señales de que algo no estaba bien en mi cómoda vida: peleas extrañas con mi marido y distanciamiento, problemillas y enfrentamientos en el trabajo, gripes que no me enfermaban hace años y que me tiraban a la cama como nunca; mal dormir en las noches cuando siempre había sido una gran dormilona; unos horribles kilos de más que aparecieron sin esperarlos y que me bajaban la autoestima...pero, las ignoré todas. Era lo más fácil, a fin de cuentas, estaba cómoda y podía aguantar "una que otra cosa" que me pasara para no perder esa comodidad.

En resumen: ignoré reiteradamente las señales que cada vez subían un poco más el tono hasta que la vida me habló muy duro y me dio una cachetada tan fuerte que me tumbó, con toda —separación, cáncer de mi padre, ahogo económico, infelicidad laboral aguda, cansancio extremo, insomnio, tristeza profunda, el vacío...—. Menos mal el cáncer de mi padre me absorbió: buscando su sanación también emprendí el camino de aprendizaje que terminó curándome.

De esa época oscura de crisis aprendí que cuando no hacemos caso a las señales, estas van subiendo su intensidad para ver si reaccionamos en algún momento. Son como señales de peligro en la carretera, una tras otra, cada vez más alarmantes. Y si las ignoramos, pues vienen los accidentes.

Desafortunadamente los seres humanos muchas veces esperamos llegar a situaciones terribles, dolorosas y emocionalmente muy fuertes para hacer lo que debíamos haber hecho antes. Enfermedades, divorcios, muertes de seres queridos, despidos laborales, entre otras, terminan siendo los detonantes del cambio.

Pero, ¿por qué esperar a que algo terrible ocurra para cambiar?

Me rehúso a pensar que esta sea la única fórmula, que solo golpeándonos contra el mundo podamos cambiar para encaminarnos. Por eso, cada vez que puedo, cuento mi historia y enseño lo que aprendí para que quienes me escuchen — ¡ojalá! —, no tengan que golpearse contra el mundo para tomar un rumbo diferente.

Duro aprendí que la supuesta comodidad está en el lado opuesto del verdadero éxito, de la plenitud y de la felicidad. Hoy no la dejo llegar a mi vida. Cuando me estoy sintiendo algo acomodada, me aseguro de "pellizcarme" para que, por ningún motivo, me quede aplastada en mi sillón. Como sea busco que mi camino sea el reto, que me haga sentir feliz.

Sentirse retado es clave para crecer. Solo cuando estamos retados de verdad, damos lo mejor de nosotros. Nos sentimos vivos, recargados de energía y encontramos fuerzas donde no sabíamos que las teníamos. El reto tiene que ser sobre algo que nos apasione y lo suficientemente ambicioso para impulsarnos, no una meta absurda ni en un campo que no nos guste, porque si no de entrada nos hacemos un autogol.

Como lo hemos visto en capítulos anteriores, nuestra transformación se ancla en un cambio fuerte de percepción sobre lo que siempre hemos considerado como "la realidad". Si seguimos viendo las cosas igual, probablemente vamos a seguir igual también. Los invito entonces a tomar acción para salir de la comodidad y a encaminarse hacia la plenitud, el éxito y la felicidad.

Toma decisiones profundas: ¿Qué estás dispuesto a hacer por lo que quieres o deseas de verdad?

Es más cómodo procrastinar, aplazar una y otra vez nuestros pla- nes, decisiones o acciones a tomar. Siempre tendremos excusas inteligentes para justificar que aún no es el momento. Somos unos expertos en encontrarlas y en usarlas. Por supuesto, defendemos con vehemencia nuestras excusas ante cualquiera que ose enfren- tarlas pues son nuestra propia creación. ¿Qué padre no defiende a sus hijos?

Alguna vez oí que el mundo se dividía entre quienes invierten su tiempo creando excusas para no actuar y quienes lo invierten actuando, pues así se equivoquen, aprenden. Creo que puede haber muchos grises en la mitad, pero definitivamente estamos más de un lado o del otro. Por un momento preguntémonos: ¿De qué lado estamos en cada aspecto de nuestra vida? ¿Del lado de los que posponen con sólidas excusas una y otra vez o del que los que ya están tomando acción antes de que pensar en excusas?

¡Es hora de tomar decisiones! Pero, no cualquier tipo de decisiones. Estas deberán basarse en nuestro deseo profundo, del alma, para reencaminar la vida, para avanzar a paso más rápido si ya escogimos el rumbo correcto. Las decisiones que hemos tomado nos han llevado hasta donde estamos, y la mejor noticia es que lo que decidamos hoy nos conducirá a nuestro futuro. Por eso es importante tomar las determinaciones correctas de manera consciente.

Una vez que tomamos la decisión de salir del piloto automático de la vida (nuestros hábitos y rutinas), también tomamos el control de nuestros pensamientos y emociones y, por lo tanto, de nuestras decisiones y las acciones que de ellas se derivan. Así podemos estar seguros de que llegaremos a nuestro destino, disfrutando el proceso.

Haz tu plan

Primero, establece tu norte: ¿a dónde quieres llegar? ¿Para dónde vas? Plásmalo en una visión de futuro y ponle todas las imágenes que sean necesarias. Si no sabes para dónde vas, de ninguna manera llegarás. Al *Waze* de nuestra vida hay que ponerle destino, o no arranca...

Piensa en ese destino. Visualiza algún punto al que te gustaría llegar. Puede ser una meta a corto, mediano o largo plazo, pero que sea importante y muy valiosa para ti.

Escribe ese norte, agrégale detalles. Afínalo. Es normal tachar o borrar y reescribir varias veces hasta que te sientas cómodo con tu nueva dirección —¿Hacia dónde vas? —, por lo menos en una primera etapa.

Una vez lo escribas, también ten claro el para qué quieres llegar ahí. Ese para qué siempre debe cobijar a otros.

Si necesitas inspiración, sal a ver que hay más allá de tu comodidad y rutina, explóralo. Sobre todo, aprende de quienes admiras. Lee, investiga, pregunta.

Y ahora responde:

1. ¿Qué quieres cambiar en tu vida?
2. ¿Cómo defines el tener éxito en ese cambio en tu vida? Es decir, cuando llegues, ¿a qué punto sabrás que tuviste ya éxito?
3. ¿Cuál va a ser la medida o indicador de ese éxito?
4. ¿Cuál es tu punto de partida?
5. ¿Qué opciones hay para moverte de donde estás a dónde quieres llegar?
6. ¿Hay algo que te impida moverte?
7. ¿Qué debes hacer para superar lo que te impide moverte?

Ahora haz un ejercicio de ingeniería reversa, piensa detenidamente y luego escribe:

1. La declaración en presente de lo que quieres lograr, como si ya lo hubieras logrado.
2. Mira esa declaración y pregúntate qué hiciste para lograrlo. Anota todas las respuestas que te lleguen.
3. De atrás para adelante, establece ahora uno a uno los hitos o "metas volantes" por las que debiste haber pasado en tu camino a la meta.
4. Llega a hoy, piensa en los primeros pasos que debes recorrer para moverte en la dirección correcta. Haz un compromiso de voluntad contigo mismo, teniendo siempre en mente tu objetivo.
5. Con base en todo lo anterior, planea tu camino, dibuja tu ruta, añádele los indicadores de éxito, tenla en un lugar visible y comienza inmediatamente.

Adicionalmente a estos ejercicios:

1. Consigue la compañía, la asesoría y/o el apoyo de los expertos en el tema que quieres. Busca dirección y mentoría. Averigua: ¿qué hacen los más exitosos en lo que tú quieres para seguirlo siendo?
2. Visualiza tu meta lo más nítidamente posible y trae esa imagen a tu mente varias veces al día, cada vez que puedas, con la emoción que sentirías cuando ya sea realidad.
3. Toma la decisión profunda de llegar a ella, hasta que sientas esa decisión en tu corazón. Comprométete profundamente contigo mismo.
4. Disponte a persistir e insistir, con la certeza de que llegarás.

Comprométete a invertir bien tu tiempo para lograr tu objetivo y respóndete: ¿cómo lo usas hoy? Y luego:

1. Filtra la lista de acciones por hacer, en orden de prioridades acorde con tu objetivo. Las que no encajen, sácalas.

2. Acuérdate que el día tiene 24 horas: ocho para dormir, ocho para trabajar y las otras ocho son un regalo para aprender cosas nuevas, estar con nuestros seres amados, consentirnos, alimentarnos con consciencia...

3. Recuerda absorber el momento presente permanente y conscientemente. Ya verás cómo aprovechas mucho más el tiempo.

Pero, cualquier plan que hagamos sin hábitos que lo respalden, se queda en la nada como la mayoría de los propósitos que hacemos en año nuevo. ¿Entonces?

Profundicemos en nuestros hábitos: Reconozcamos los que nos hacen daño

En este momento hagamos un alto en la lectura y pensemos cuáles son esos hábitos que nos hacen daño. Hay unos obvios: pereza, sedentarismo, mala alimentación, fumar, beber alcohol, drogas, no dormir las horas necesarias... Otros quizá menos obvios a simple vista como juzgar, criticar, los chismes, pensamientos negativos o destructivos, pasar horas en redes sociales, pegados a un videojuego o viendo videos que no nos aportan, pero que sí nos consumen el tiempo valioso para vivir bien la vida... Hay infinidad de hábitos negativos que nos reducen sustancialmente la posibilidad de cambio y de hacer magia para lograr lo que queremos.

Uno de los peores hábitos, cada vez es más común, es tocar el celular al despertar. Lo primero que hacemos es estirar el brazo para agarrarlo y ya nos quedamos atrapados en WhatsApp, en redes sociales, en las noticias, en los juegos...

La mañana es una oportunidad única de asegurarnos que cada día sea lo mejor posible. ¡Aprovechémosla de la mejor manera!

Todos los días, a las 5:20 a. m., acompaño a mi chiquita a alistarse para el colegio, pues el bus la recoge a las 5:58 a. m. Esos 38 minutos son solo para ella. Entonces, pongo mi despertador para que suene a las 4:50 a. m. y así poder regalarme una deliciosa meditación antes de iniciar la rutina con mi hija. Me cuesta despertarme a esa hora, pero una vez lo hago, entro en el placer de la meditación y ¡agradezco tanto haber hecho el esfuerzo!

Rara vez no he logrado despertarme a la hora programada, pero aprendí a no castigarme por eso, a entender que el cuerpo me habla y me reclama esos minutos de descanso. Cuando esto sucede, vuelvo con mi meditación al día siguiente.

En esa meditación de la mañana visualizo mi día perfecto, con el mayor detalle posible, sintiendo la satisfacción porque todo fluyó, con la certeza de que en cada día particular yo avanzo unos pasos más hacia el futuro que estoy construyendo. Luego agradezco y entrego a Dios esa visualización.

En la mañana estamos más llenos de energía, por lo que es un momento ideal para hacer ejercicio, y también más lúcidos, por lo que también es ideal para leer, oír un podcast, ver una charla TED o un video sobre lo que queremos aprender.

Creemos los nuevos hábitos que nos llevarán a nuestra vida ideal

Hacer las cosas difíciles que nunca has hecho
despierta los talentos que nunca supiste que tenías.
Robin Sharma

Somos lo que hacemos repetidamente.
La excelencia, entonces, no es un acto. Es un hábito.
Aristóteles

¿Cómo crear lo hábitos que queremos para despertar talentos y llegar a la excelencia?

Las mejores recomendaciones que he encontrado y probado vienen de Robin Sharma, un coach de grandes ejecutivos a nivel mundial y experto en liderazgo, y de Brendon Burchard, quien ha sido calificado como "el mejor entrenador de alto rendimiento del mundo". También del consejo de coaches de Forbes.

Las compilé para ustedes en diecisiete acciones estratégicas para el cambio, agregando tácticas que me han servido un montón:

1. **Conecta el cambio con tu visión**: Tu visión de lo que quieres, de lo que en realidad quieres, debe sentirse como un deseo intenso, ardiente y/o profundo. Un porqué poderoso que te incite a la acción, que te comprometa. Muchas personas esperan a que les diagnostiquen una enfermedad mortal para hacer los cambios en su dieta, actividad física y manera de ver el mundo. Pero si tienes muy clara tu visión, tu porqué poderoso y un gran compromiso personal con ese porqué, tráelos a tu mente cada vez que sea necesario para mantener los nuevos hábitos (John M. O'Connor, Career Pro Inc.).

2. En este proceso, **ten siempre a la mano tus prioridades y valores,** sobre todo cuando más te cueste implementar un nuevo hábito. Ellos te ayudarán a asentar la acción que vaya acorde. Por ejemplo, si decides hacer ejercicio en la mañana, pero te cuesta levantarte de la cama y te inclinas por la comodidad, trae un valor con prioridad más alta que la misma comodidad como la salud, que te permitirá vivir bien y ver crecer a tus hijos, a tus nietos, etc. (Larry Boyer, Success Rockets LL).

3. **Haz declaraciones sobre tu visión y repítela**s día a día. Escribe una frase poderosa en tiempo presente sobre ti y tu visión, tu porqué y tus prioridades derivadas. Por ejemplo, "declaro que soy una persona delgada y saludable", "declaro que soy una persona exitosa en mi trabajo" o "declaro que vivo en abundancia y en paz". Repite esa frase en voz alta o mentalmente varias veces al día, *sobre todo cuando tengas que hacer lo que menos te gusta, pero que es necesario para cumplir tus objetivos.*

4. **Establece tu punto de partida justo en donde estás en este momento.** Empieza ahora mismo a evaluar con honestidad qué tan listo estás realmente para cambiar o crear hábitos: ¿qué tantas excusas tienes a la mano para sacar cuando vayas a iniciar el nuevo hábito? ¿Qué tan apegado estás a estas excusas? La respuesta a estas preguntas te hará ser consciente de qué tanto estás preparado para el cambio: lo bueno de verlo con honestidad es que ya lo podemos atacar. Sabemos, entonces, cuál es nuestro punto de partida real para construir sobre él nuestro plan de acción y podremos comprometernos a actuar a favor de nuestros intereses superiores cada vez que los viejos hábitos y excusas hagan su aparición (Kelly Weber, The Wander Project).

5. **Fija objetivos que puedas cumplir.** Aunque tu visión pueda ser a largo plazo, es crucial que tus "metas volantes" que te llevarán al objetivo, en especial los primeros pasos, sean realistas y puedan cumplirse. Necesitas victorias tempranas que afiancen tu seguridad. Apláudete con orgullo cada vez que las cumplas y sigue adelante. Entre más grande el logro, que más grande sea tu celebración.

6. **Pon métricas que te indiquen cómo vas avanzando.** Establece indicadores de avance sobre tu plan para que tengas claridad sobre tus logros. Mira siempre lo cumplido con orgullo, y lo pendiente como un reto que te apasiona para lograr lo que quieres. Fija metas diarias pequeñas, gradualmente ve incrementándolas y subiendo tu nivel. Por ejemplo, si quieres ser más saludable comienza por caminar 10 minutos más de lo normal, por agregar una fruta a tu mañana o por tomar un vaso de agua al día. La semana siguiente incrementa cinco minutos de caminata, otra fruta o un vaso de agua adicional. Así reforzarás mentalmente que tener buenos hábitos es simple y fácil (Indira Jerez, INNERtia Project).

7. **Haz tu lista de "éxitos".** Escribe tus logros diarios para inspirarte. Hazlo enfocándote siempre en lo que estás logrando, y no en lo que estás cambiando o en lo que te falta. Si cada día tienes un logro y lo anotas, las posibilidades de cumplir tu plan se incrementan sustancialmente (Ken Gosnell, CEO Experience).

8. **Usa tu agenda tu favor:** No nos despegamos del celular, por lo cual agendar en el calendario nuestras prioridades y nuevos hábitos con notificaciones y recordatorios, nos ayudará muchísimo.

9. **Repite intencionalmente el buen hábito por lo menos 30 veces.** Para que se convierta en algo normal, el mínimo recomendado de repeticiones de un nuevo hábito es de 30 veces. Por ejemplo, en un entrenamiento para hablar en público, "si un ejecutivo necesita adoptar una postura y usar gestos de variación vocal, le recomendamos practicar de manera formal e informal. Después de 30 repeticiones intencionales, el hábito permanece", dice Helio Fred García, uno de los coaches de Forbes (Helio Fred Garcia, Logos Consulting Group).

10. **Lo más importante o lo más difícil primero.** Sal en primer lugar de lo que sea prioritario para ti o de lo que te cueste más trabajo. Si te cuesta empezar, aplica la técnica de los cinco segundos de ventana que tenemos con la cuenta regresiva, 5, 4, 3, 2, 1 ¡y acción!... Cómo extensión de este punto, es recomendable **que tu nuevo hábito sea lo primero que haces en la mañana,** ya sea hacer ejercicio, meditar, o hacer un curso virtual. Hazlo apenas te despiertes y así le enviarás a tu cerebro una señal clara de lo importante que es el resultado que esperas (John Hittler, Evoking Genius).

11. **Sé muy, muy, muy consciente** de las consecuencias de no cambiar tus hábitos, pero **sobre todo de las grandes ganancias y beneficios del nuevo hábito.** El médico y psicoterapeuta austríaco Alfred Adler decía que "todos los comportamientos están gobernados por su recompensa. Ten muy clara tu ganan-

cia, tu premio o tu pago por el nuevo hábito" (Gaurav Bhalla, Knowledge Kinetics).

12. **Foco en las "tres pes":** Paciencia, práctica y perseverancia. Paciencia, porque cambiar un hábito toma tiempo —ya hablaré de eso un poco más adelante—. Práctica, pues es necesaria la recurrencia, como lo he dicho, para que el nuevo hábito se ancle y se convierta en automático, y perseverancia, porque no es fácil. Hay tentaciones y obstáculos que habrá que superar poniendo toda nuestra energía en el nuevo hábito (Jim Judy, TryFranchising.com). Robin Sharma dice:" la única forma de instalar permanentemente un nuevo hábito es dirigir tanta energía hacia este que el viejo se escabulla como un invitado no bienvenido". Así que practica y practica con todo tu foco, aún si fallas, pues necesitas la repetición para crear y consolidar los nuevos caminos neuronales en tu cerebro. No te juzgues por una falla, retoma lo antes posible para consolidar un nuevo comportamiento. Puede ser que solo haga falta una repetición más (Janet Zaretsky, Janet Zaretsky).

13. **Lleva un diario:** Anota tus logros con orgullo, para que los veas fuera de tu mente y queden registrados por escrito. Eso le dará un nuevo estatus de avances en tu plan.

14. **El contexto es supremamente importante, asegúrate de que sea el correcto.**

   a. **En tu casa y trabajo.** Que el ambiente que te rodea te ayude. Por ejemplo, en tu nevera ten fruta y comida saludable, haz feng shui en tu casa y oficina, mantén orden y limpieza en tus cosas, etc. (Michael S. Seaver, Seaver Consulting, LLC). Selecciona muy bien los libros que tendrás a la mano, los videos que verás, la música que oirás. No solo de la comida nos alimentamos. Si no estamos rodeándonos de lo que nos haga ser mejores cada día —tener calma, tranquilidad, aprendizajes de valor, y emociones positivas como la gratitud o el amor—, tampoco nos estamos ayudando.

b. Con tu familia o amigos. Seleccionemos muy bien a las personas de las que queremos rodearnos, que sean quienes nos impulsen a seguir y no quienes nos frenen: personas po- sitivas, que ven soluciones en vez de problemas, y no criti- cones, pesimistas o quejumbrosos. Selecciona a una de estas personas como "socio de responsabilidad" para tu cambio, una persona que nos apoye cuando lo necesitemos y que esté pendiente constantemente de que cumplamos nuestro objetivo (Margolis, Training & Leadership Success LLC).

15. **Usa la técnica de "emparejar" o de "reemplazar".** Esta la explico mejor con ejemplos. ¿Qué es emparejar? Si nos gusta oír podcasts o videos de TED, creemos una regla que diga que solo los oiremos mientras caminemos o hacemos ejercicio. ¿Y qué es reemplazar? Si tenemos el hábito de comer un paquete de papas cada vez que nos sentamos a ver una película, cambiemos las papas por cualquier comida saludable que nos gusta, en vez de tratar de eliminar intempestivamente esa rutina (Scott Swedberg, The Job Sauce).

16. **Ten listo un plan antitentaciones, antiexcusas y antidistraccio- nes.** Piensa en todos los posibles escenarios en donde te puedas sentir tentado a romper tus hábitos y/o a sacar excusas mara- villosas para no cambiar, y planea lo que harás ante cada una para vencerlas. Por ejemplo, si sabes que vas a un almuerzo familiar en donde te darán un postre delicioso, planea hacer una llamada en ese momento para distraerte, o tomar un vaso de agua en vez de comerlo. Si tenemos nuestro plan y lo activa- mos inmediatamente llegue la tentación o intente asomarse la excusa, las posibilidades de éxito serán mucho mayores (Rose Cartolari, Rose Cartolari Consulting). Igualmente, detectemos con anterioridad todas las posibles distracciones (celular, redes sociales, email, WhatsApp, etc.) que aparecerán para que no ha- gamos lo que debemos y preparemos nuestro comportamiento ante ellas. Básicamente para que no nos ganen la partida.

17. **Nuestro reto es con nosotros: convenzámonos de que podemos y comprometámonos.** "La disciplina es la parte más importante del éxito", dijo Truman Capote. "Los líderes son aquellos individuos que hacen lo que los fracasados no están dispuestos a hacer, aunque tampoco sea de su gusto. Tienen la disciplina necesaria para hacer lo que saben que es importante y correcto, en lugar de lo que es fácil y divertido", afirma Robin Sharma. Y por su lado, Brendon Burchard dice que los grandes hombres demuestran valor y tienen "admiración" por las dificultades: en lugar de quejarse o rendirse antes de tiempo, identifican su misión dotándola de propósito y significado.

¿Por cuánto tiempo debo mantener el esfuerzo hasta consolidar el nuevo hábito? ¿21, 30, 45, o 66 días para cambiar hábitos?

El cirujano plástico Maxwell Maltz notó que sus pacientes tardaban normalmente un mínimo de 21 días en ajustarse a los cambios en sus cuerpos tras las cirugías. Luego, el doctor Maltz probó en sí mismo cuántos días le costaba adquirir un nuevo hábito, y volvió a llegar al mínimo de 21 días.

Este y otros datos de lo que Maltz observaba fueron publicados en su audiolibro *Psico-cibernética,* que se convirtió en un gran *best seller.* Sobre su experiencia, literalmente escribió ahí: "los fenómenos comúnmente observados tienden a mostrar que se requiere un mínimo de 21 días para que una imagen mental vieja se disuelva y una nueva se quede".

El 21 fue tomado entonces como un número de días necesarios para formar un nuevo hábito. Fue ampliamente difundido y se olvidaron mencionar que era un *mínimo,* no un número absoluto. También lo extrapolaron a toda la humanidad, como si la observación de algunos pacientes de Maltz pudiera automáticamente extenderse a todos.

¿Cuál sería entonces, si no es 21, un número de días respaldado por la ciencia en el que podamos tener más certeza de que estamos formando un nuevo hábito?

Encontré un estudio de la psicóloga e investigadora Phillippa Lally del University College London, que se publicó en el *Magazín Europeo de Psicología Social*. Allí la doctora cuenta como estudiaron a 96 personas durante doce semanas y concluyeron que, en promedio, toma 66 días formar un nuevo hábito.

El número exacto de días varía de persona a persona —las del estudio tomaron entre 18 y 254 días—, pero lo que sí quedó claro es que no son los 21 días que se difundieron y creyeron ampliamente en el mundo.

Así que no nos demos palo a nosotros mismos si en 21 días no hemos formado el hábito que queremos.

Según el estudio, si en un día o dos no lo hacemos, o comentemos un error, no afectamos la formación del hábito. Eso de que el proceso tiene que ser perfecto para que funcione no es cierto. Lo importante es regresar al camino de creación del hábito, sabiendo que es un proceso con el que nos comprometimos. Usemos todas las recomendaciones arriba citadas que nos puedan servir y ganaremos la partida.

Les dejo este párrafo como conclusión de este Capítulo:

El cambio pasa también por una decisión profunda y un compromiso de amor propio para llegar a una meta clara, por un plan que apunta a una visión con la que nos identificamos. Por cambio de hábitos, disciplina, perseverancia. Solo se vive de verdad a través de la fuerza de voluntad y en el día a día. Se apoya fuertemente con un compromiso de amor por nosotros mismos y por nuestros seres queridos, hijos, pareja, padres, amigos; con la certeza de que todo va a salir muy bien. Nadie dijo que es fácil, pero no es para nada imposible y esto aplica para todos sin excepciones.

Capítulo 7

¿Por qué funciona? Esto dice la ciencia detrás de la magia. La "matriz". Influimos en nuestro ADN y este, a su vez, influye en la energía que forma la materia. La teoría del desdoblamiento del tiempo.

Toda la materia se origina y existe solo en virtud de una fuerza...Debemos asumir tras esta fuerza la existencia de una mente consciente e inteligente.
Esta mente es la matriz de toda materia.
Max Planck, físico y matemático, fundador de la teoría cuántica

Hoy creo profundamente en la magia. La he probado, me ha funcionado y me sigue sorprendiendo todos los días. Pero honestamente al principio, cuando inicié este proceso para salir de la crisis y a estudiar sobre el tema, me costó mucho creer en ella. La teoría la fui entendiendo racionalmente, pero tenía muchas dudas sobre si funcionaría o no. Busqué soporte científico en varias fuentes, hasta que finalmente encontré razones suficientes para satisfacer a mi cabeza. Con convicción y emoción, así logré creer de verdad y dejarla fluir.

Este Capítulo es para quienes, como yo, también necesitan más argumentos de corte científico. No voy a extenderme hasta aburrirlos, pero sí mencionaré algunos hechos científicos que sustentan la magia y por qué podemos crear hechos inesperados y sorprendentes con nuestra consciencia. De estos hechos supe inicialmente por el libro *La matriz divina* del doctor Gregg Braden, el curso que realicé con él en el desierto de Santa Fe, Nuevo México, en Estados Unidos, y por los talleres a los que asistí en Ciudad de México y en Tarragona (España) con el doctor Joe Dispenza. Estos dos hombres de ciencia fueron claves para asentar mi conocimiento de magia.

Todo es Energía

¿Se acuerdan de la famosa ecuación de Albert Einstein? $E=mc2$. La ecuación significa que la energía es igual a la masa multiplicada por la velocidad de la luz al cuadrado. En otras palabras, *la energía y la masa son equivalentes,* y están relacionadas por la velocidad de la luz.

A estas alturas de la historia de la humanidad está claro que la materia, el mundo físico que percibimos, no es otra cosa que un entrelazamiento de ondas de energía inmaterial, como nos lo contaron varios físicos, entre ellos el mismo Einstein, Max Planck y Werner Heisenberg.

Einstein nos explicó con la teoría de la relatividad el orden que tienen las cosas grandes, el universo, los planetas... Pero las cosas más pequeñas, de lo que está hecho nuestro cuerpo y todo nuestro planeta (átomos y partículas subatómicas, como los protones, fotones y electrones) es estudiado por la física cuántica, que nos ha demostrado cosas inesperadas y contradicen lo que vemos con nuestros ojos.

Niels Bohr, un importante físico cuántico danés — quien fue el primero que describió al átomo como nos lo enseñaron en el colegio, con el núcleo cargado positivamente y rodeado de electrones— dijo literalmente: "si la mecánica cuántica no te ha choqueado profundamente, es que no la has entendido aún. Todo lo que llamamos real está hecho de cosas que no pueden ser consideradas como reales".

Realmente no vemos sino una mínima parte de lo que existe, pero están siempre, siempre, siempre pasando muchas cosas alrededor nuestro que no vemos. Nuestra retina está hecha para percibir solamente las frecuencias de la luz visible. Los rayos X, por ejemplo, no los podemos ver, pero sí sabemos que existen y de hecho los usamos con efectividad en medicina.

Si recorremos el espectro electromagnético completo será aún más evidente que lo que realmente ven nuestros ojos es solo una mínima parte de lo que existe: solo la luz visible.

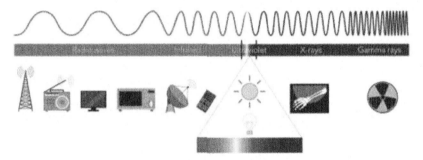

Como vemos en esta gráfica, el espectro electromagnético abarca desde las ondas de radio, la radiación infrarroja, la radiación ultravioleta, la luz visible, los rayos X, hasta los rayos gamma.

Queda claro que lo que vemos —el punto que toca el triángulo arriba— es realmente muy poco de lo que existe, pero esto que es evidente se nos olvida y pedimos "ver para creer", aun sabiendo que es imposible para nuestros ojos ver la mayoría de lo que sucede...

Otra de las cosas que nos puede causar impacto de la física cuántica, pues también contradice lo que percibimos de nuestro mundo físico, es que algo pueda ser dos cosas distintas al mismo tiempo. Sí, así como lo leen.

El físico Lois de Broglie descubrió que no solo las partículas se pueden comportar como ondas, sino que las ondas también se pueden comportar como partículas. Si es onda o es partícula depende de la pregunta que hagamos: si preguntamos ¿dónde está? Es una partícula, pero si preguntamos ¿a qué velocidad va?, es una onda. ¿Cómo lo ven?

En 1935 el pionero de la teoría cuántica Erwin Schrödinger se hizo famoso por su experimento con un gato (el experimento del "gato de Schrödinger") que ilustra esta naturaleza estadística. El gato está muerto o vivo dependiendo de un evento aleatorio y, por lo tanto, puede describirse en ambos estados a la vez.

Suena loco que algo pueda estar vivo y muerto a la vez, pero en el mundo cuántico es posible.

Con todo esto y mucho más, la física cuántica nos abrió los ojos a ver el mundo de una manera completamente diferente.

Por ejemplo, nos llevó también a entender que, aunque nuestro cerebro nos hace percibir el tiempo de una manera lineal, segundo tras segundo, minuto tras minuto, día tras día, realmente no es así en el mundo cuántico. Allí todas las probabilidades existen al mismo tiempo. ¡Todas! ¿Cómo es esto posible?

El artículo *La física cuántica, para entenderla por fin,* escrito por el físico Sidney Perkowitz, profesor emérito de Física en la Universidad Emory, nos explica que una partícula cuántica no posee solamente un valor de una cantidad física, sino todos los valores al mismo tiempo (esto se llama superposición). De ahí precisamente viene la frase de que en el mundo cuántico "todas las probabilidades existen al mismo tiempo"

Si lanzamos una pelota, esta se desplaza con cierto impulso y podemos predecir su movimiento y a donde llegará. Pero, en el mundo cuántico, cualquier partícula que se desplaza lleva en sí misma todos sus posibles valores físicos al mismo tiempo hasta que finalmente es medida o interactúa con el ambiente.

Además, la cuántica nos abre la mente a temas que parecen solo de ciencia ficción, como la comunicación telepática o la teletransportación. Dos partículas cuánticas pueden permanecer ligadas o "<u>entrelazadas</u>", aun a distancias gigantescas y sin ninguna conexión física de por medio, y hasta se pueden teletransportar a través del espacio vacío de algún modo que no logramos aún entender.

Quizá nunca lleguemos a ser capaces de teletransportar personas u objetos de gran tamaño. Pero, les tengo que contar que, en 2011, el doctor Ian Walmsley de la Universidad de Oxford y sus colegas lograron entrelazar objetos visibles para el ojo humano: dos diamantes, cada uno de tres milímetros de largo. En el experimento, los investigadores los enlazaron a distancias de hasta 15 centímetros.

Este es un paso muy importante para entender la extrañeza cuántica, por la que podemos reconsiderar por completo lo que sabemos del tiempo y espacio.

Esta frase de 1944 de Max Planck, premio Nobel de física y quizás el más famoso padre de la cuántica, cobra hoy un significado especial para los que creemos en una inteligencia superior y en que todas las posibilidades existen:

"Toda la materia se origina y existe solo en virtud de una fuerza... Debemos asumir tras esta fuerza la existencia de una mente consciente e inteligente. Esta mente es la matriz de toda materia".

Estamos justo en el momento en el que todos los descubrimientos de la física cuántica tienen sentido. La existencia de la matriz o campo energético que nos conecta a todos está siendo probada en diferentes experimentos.

Y vamos más allá. Como afirma el físico John Wheeler, vivimos en un universo participativo y, por lo tanto, participamos en su manifestación. La intención con la que observamos nuestra realidad la afecta, la puede cambiar. Esta ha sido la conclusión de varios experimentos, por eso es tan importante ser conscientes de nuestras intenciones.

Como lo dice Gregg Braden en su libro *La matriz divina*:

En un universo participativo, el acto de centrar nuestra conciencia [...] es un acto de creación en y por sí mismo. Nosotros somos los que estamos observando y estudiando nuestro mundo [...]. Donde quiera que miremos, nuestra conciencia crea algo para que nosotros lo veamos [...]. Respecto a nuestro intento por encontrar la menor partícula de materia y definir los límites del universo, esta relación sugiere que no encontraremos ninguna de las dos. Por muy profundamente que consigamos penetrar en el mundo cuántico del átomo o por muy lejos que viajemos hacia los confines del espacio, el propio acto de mirar con la expectativa de que exista algo puede ser precisamente la fuerza que cree algo para que lo veamos.

Gregg Braden también cita otros importantes experimentos que mencionaré a continuación.

Nuestros pensamientos afectan nuestro ADN, la sustancia de la que estamos compuestos los seres humanos

En 1993, el periódico *Avances* reportó experimentos del Ejército de Estados Unidos que buscaban determinar cuáles eran las conexiones que había entre nuestro ADN y nuestras emociones, y a qué distancia funcionarían estas conexiones.

Los experimentos fueron guiados por el doctor Cleve Backster, conocido por sus impactantes estudios sobre cómo influyen las emociones humanas en las plantas.

En este caso del Ejército, el equipo de investigadores tomó una muestra de ADN de la boca de un voluntario. Luego aislaron al voluntario en una habitación, y en otra habitación, separada a varios metros, pusieron su ADN para observarlo y medirlo eléctricamente.

Al voluntario le fueron mostrando imágenes que le producían diversas emociones, desde unas cómicas hasta otras de guerra. Al mismo tiempo observaron cómo su ADN cambiaba de acuerdo con cada emoción que sentía. Cuando el donante experimentaba picos o bajonazos en sus emociones, sus células y su ADN mostraban una respuesta eléctrica muy poderosa, exactamente al mismo tiempo de la emoción.

Repitieron el experimento separándolos aún más y siempre, en todos los casos, el ADN actúo como si todavía estuviera físicamente conectado con el cuerpo del voluntario.

El ejército suspendió los experimentos, pero el doctor Backster, sorprendido e interesado en los hallazgos, los continuó y llegó a separar al donante y a su ADN a una distancia equivalente a la que hay entre Bogotá y la Ciudad de México —unos 3169 kilómetros aproximadamente—. En todos los casos, el ADN reaccionaba al mismo tiempo que el sujeto de estudio sentía la emoción: parecía siempre conectado al cuerpo físico. Usando un reloj atómico localizado en Colorado, Estados Unidos, el doctor midió el tiempo que ocurría entre la emoción y la reacción del ADN. Este fue siempre cero.

Viendo los resultados, el doctor Jeffrey Thompson, colega del doctor Backster, aseguró que "no hay lugar donde nuestro cuerpo realmente termine, ni donde comience".

El experimento claramente sugiere que nuestros pensamientos y emociones afectan nuestro ADN y que están comunicados, sin importar la distancia, a través de un campo energético.

Otros estudios también corroboran cómo nuestras emociones cambian nuestro ADN, como los realizados por el HeartMath Institute en California, que posteriormente han sido repetidos en otros laboratorios.

El poder de la coherencia en el laboratorio

El HeartMath Institute realizó una serie de experimentos en los que aisló el ADN humano en un vaso de cristal de laboratorio y, luego, lo expuso frente a la emoción de coherencia — sí, la misma que vimos en el capítulo del poder de las emociones, la misma de la creación de Juan en mi vida—.

Los investigadores tomaron un grupo de hasta cinco personas entrenadas en generar la coherencia, focalizándose en emociones positivas como el amor incondicional, y centrando su atención en el área del corazón. Hicieron la serie de experimentos durante tres años, observando los cambios en el ADN.

Los resultados fueron claros e irrefutables: las emociones humanas cambian el ADN. Solo con crear emociones en sus cuerpos, los participantes influyeron en las moléculas que estaban en el vaso de cristal.

Ahora, si influimos en nuestro ADN, la siguiente pregunta es: ¿puede influir nuestro ADN en la realidad? Acá les resumo este otro experimento citado ampliamente, también incluido en *La matriz divina* de Gregg Braden.

En efecto, todo indica que nuestro ADN afecta las partículas que componen nuestro mundo físico

La Academia Rusa de Ciencias reportó en 1995 un estudio llamado hoy "El efecto fantasma", en el que el biólogo cuántico Vladimir Poponin y su colega Peter Gariaev lograron hacer una serie de experimentos que sugieren que el ADN humano afecta directamente el mundo físico a través de lo que los investigadores llamaron el nuevo campo de energía que conecta a ambos: ADN y materia.

¿Cuáles fueron los experimentos? Primero, los investigadores removieron todo el aire de un recipiente en un laboratorio. Después de haberlo sacado, con un equipo de ingeniería avanzado, pudieron detectar los fotones que quedaron dentro y midieron su ubicación exacta, aleatoria y en desorden, dentro del mismo recipiente.

Luego introdujeron un trozo de ADN humano y, para su sorpresa, los fotones tomaron una nueva ubicación rodeando la forma de este ADN.

Más sorpresivo aún fue lo que pasó a continuación. Una vez extrajeron el ADN del recipiente, se dieron cuenta de que los fotones no volvieron al desorden inicial, sino que mantuvieron la forma que habían adquirido cuando el trozo del ADN fue introducido. Por eso lo llamaron "El efecto fantasma".

El doctor Poponin explicó al respecto: "creemos que este descubrimiento tiene un significado tremendo para la explicación y el entendimiento profundo de los mecanismos que están bajo el sutil fenómeno energético, incluyendo muchísimos de los fenómenos que se han observado de sanación". Los experimentos sugieren una relación directa entre nuestro ADN y la energía de la que se compone nuestro mundo.

Gregg Braden habla de "la tecnología interna" que tenemos para cambiar el mundo

Después de estudiar durante años las tradiciones y sabiduría an- cestral, de ver sus los resultados y muchos otros experimentos que concluyen lo mismo, Braden asegura que hay un lenguaje que la humanidad ha conocido desde siempre. Él le habla a la matriz divina, sin palabras ni con los típicos signos de comunicación cor- poral, sino de una forma tan simple que usamos diariamente: el lenguaje de las emociones humanas. Con ellas, nuestra interven- ción en la creación de nuestra realidad es enorme.

Hay momentos en que este poder de las emociones tiene un efecto aún más poderoso. Vamos entonces al instante más poderoso para hacer magia.

Job 33:14:16 Ciertamente Dios habla una vez, y otra vez, pero nadie se da cuenta de ello. 15 En un sueño, en una visión nocturna, cuando un sueño profundo cae sobre los hombres, mientras dormitan en sus lechos, 16 entonces Él abre el oído de los hombres, y sella su instrucción.

"Es durante la noche cuando tenemos la capacidad de arreglar ese futuro que hemos construido durante el día": físico Jean Pierre Garnier Malet

El doctor Garnier Mallet es un físico francés, autor de la teoría del desdoblamiento del tiempo, que permitió prever y explicar la llegada de planetoides al sistema solar. Su teoría fue avalada por el comité científico de la prestigiosa revista *American Institute of Physics,* de Nueva York. Este conocimiento, explica su autor, es totalmente aplicable a nuestra vida.

Garnier dice: "Tenemos un cuerpo muy bien hecho que nos permite proyectarnos en el porvenir: ir a ver el futuro, arreglarlo y volver para vivirlo. Y es durante la noche cuando tenemos la capacidad de arreglar ese futuro que hemos construido durante el día. Podemos ver los peligros antes de vivirlos por medio de la intuición, y borrarlos".

Acá les va la síntesis de su teoría aplicada a nosotros, tomada de la entrevista que dio a *La Vanguardia* en España, donde lo explica de una manera muy simple —a quienes quieran ir más en detalle, les recomiendo leer el libro del doctor Garnier *Cambia tu futuro por las aperturas temporales,* donde expone su teoría de una manera clara y entretenida—.

Dice el doctor Garnier que "tenemos dos tiempos diferentes al mismo tiempo: un segundo en un tiempo consciente, y miles de millones de segundos en otro tiempo imperceptible en el que podemos hacer cosas cuya experiencia pasamos luego al tiempo consciente. Todo esto sin darnos cuenta".

Esto quiere decir, según Garnier, que "en cada instante presente tengo un tiempo imperceptible en el cual **fabrico un futuro potencial, lo memorizo y en mi tiempo real lo realizo".** Por eso es tan importante ser muy conscientes, en cada instante posible, de lo que estamos pensando y sintiendo... Es clave vivir el presente, disfrutando cada minuto de vida, como un regalo maravilloso. Entre mejor nos sintamos en cada minuto y más lo agradezcamos, mejor será lo que viene en nuestras vidas.

Sigamos con Garnier: no nos damos cuenta de que existe un tiempo doble, o "desdoblado", pues conscientemente percibimos que el tiempo es lineal y continuo. "Sin embargo, tal como demuestran los diagnósticos por imágenes, en nuestro cerebro se imprimen solamente imágenes intermitentes. Entre dos instantes perceptibles siempre hay un instante imperceptible".

Esto sucede de forma similar con las imágenes subliminales: por cada segundo hay 25 imágenes, pero solo vemos 24. Es en la 25 en la que personas sin ética han insertado mensajes subliminales, que no percibimos conscientemente, pero que quedan inconscientemente en nuestra memoria.

De esta manera, "entre el yo consciente y el yo cuántico — el yo cuántico es el yo que no percibimos conscientemente, como las imágenes subliminales— se da un intercambio de información que nos permite *anticipar el presente a través de la memoria del futuro".*

Entonces, *la clave es crear las memorias del futuro que queremos.* Para esto tenemos que dejar de vivir desde lo que nos falta, desde la angustia de la escasez y dejar de pedir pidiendo, es decir, dejar de reclamar desde el sentimiento de lo que no tenemos. Debemos empezar a pedir *agradeciendo porque ya ha sido concedido nuestro deseo*, con toda la fe y la seguridad de que ya es realidad. Así podemos, entonces, recrearlo en nuestro pensamiento y emoción, como si lo estuviéramos viviendo.

Por lo tanto, ¡ojo!, señores y señoras, con la paranoia y los sentimientos de ser víctimas o perseguidos, con estar frecuentemente pensando que algo malo va a pasarle al mundo o a nosotros, que nos va a ir mal o que alguien nos va a hacer daño. ¡Seamos conscientes de lo que estamos pensando!

Dice Garnier, "si por ejemplo pienso en una catástrofe, ese potencial ya se inscribe en el futuro y puede sufrirla usted u otro". A esta conclusión, agrega literalmente: "No pienses en hacer a los demás lo que no quisieras que los demás pensaran en hacerte a ti. No es una ley moral ni filosófica, es una ley física".

Bueno, en este punto llega un gran dato sobre **el momento más poderoso para hacer magia:** "Justo antes de quedarnos dormidos tenemos un minuto, y basta con que durante ese minuto controlemos *nuestros pensamientos y emociones, el deseo cumplido y el agradecimiento:* así conectamos con esa parte energética, llamémosla el doble, para pedirle que solucione los problemas".

Garnier explica que "cuando estamos más profundamente dormidos y con nuestra máxima actividad cerebral se da el intercambio que nos permite arreglar el futuro que hemos creado durante el día, lo que hace que al día siguiente nuestra memoria esté transformada. La noche nos permite borrar potenciales no deseados, y también nos guía los pensamientos del día siguiente". Aplicando su teoría a seres humanos, de carne y hueso, el doc- tor

Garnier asegura en su libro que varias personas lograron sanarse de enfermedades graves e incurables, incluso "genéticas", por las que supuestamente no tenían ninguna posibilidad de un destino diferente.

Entonces, comencemos esta misma noche a hacer magia, en ese último minuto antes de quedarnos dormidos, con mucho amor por nosotros mismos; sabiendo que nos lo merecemos todo porque hemos actuado bien.

Durmamos agradeciendo todas las cosas que se nos ocurran, las que ya tenemos y las que queremos. Durmamos profundo con esta sensación de felicidad, entregando con confianza el control a Dios, a nuestro Yo Superior, a la inteligencia del universo...

Capítulo 8

**Activemos los aceleradores para que la magia actúe
más rápido y evitemos los frenos que la impiden o la retrasan.
Reconócelos y toma el control sobre ellos.**

Enciende el fuego y que hierva el caldero.
Película *Prácticamente magia*

Una noche me llamó una amiga con la que hace mucho tiempo no hablaba. Es una mujer hermosa, inteligente, valiente. Además, tiene unos ojos increíblemente hermosos y una voz sexy que derrite a los hombres. Ha sido muy exitosa profesionalmente, ha llegado a desempeñar dos posiciones envidiables en multinacionales, y lo más bonito: tiene dos hijas maravillosas. Dentro de ella hay una gran hechicera con poderes mágicos increíbles. En su corazón ella lo sabe, pero aún no puede liberar esa magia. Algo la está frenando...

Hace un tiempo perdió su trabajo, estuvo unos meses fuera del mundo laboral y ahora está de regreso en un lugar que no la hace feliz. Siente que está ahí solo por su salario.

En la distancia me dolió sentir cómo semejante mujer se encontraba acorralada en su propia vida. Y recuerdo las innumerables veces que yo también estuve así, teniéndolo todo y sintiendo una profunda tristeza. ¿Cómo salir de ahí pronto, acelerar la magia y evitar lo que nos retrasa el recrear nuestra vida?

Sí, porque, en efecto, hay varios frenos que demoran o impiden la magia. Les hablaré de ellos. Pero la buena noticia es que son más poderosos los aceleradores, por lo que empiezo por ellos.

Aceleradores para que la Magia actúe más rápido y lo que la impide o la frena...

Los aceleradores son tan efectivos que cada uno, a nivel individual, puede desatar la magia con mucha potencia. Si se combinan todos —lo cual es totalmente posible, ya que solo depende de nosotros—, los resultados se multiplican.

Son aceleradores porque, literalmente, le dan mayor velocidad a la manifestación.

Cuatro aceleradores clave para la Magia: el perdón, la gratitud, la compasión y la fe.

1. El perdón: ¿Qué es?

El perdón es un acto por medio del cual tomamos una decisión profunda y consciente de dejar atrás sentimientos negativos contra alguien, independiente de que se los merezca o no. Sabemos que estamos perdonando de verdad cuando empezamos a sacar la rabia y sentimos que se nos quita un peso de encima: más liberados, livianos, e incluso podemos empezar a sentir empatía, compasión y hasta afecto por quien nos maltrató.

El perdón es un acto individual y no necesitamos que quien nos hizo daño nos pida perdón o nos ofrezca disculpas para que podamos perdonar. Si no nos ofrecen disculpas, el pro- blema es de los agresores y no nuestro. El perdón es un acto fundamental de amor, de respeto, de liberación, de cuidado y protección para nosotros mismos.

¿Por qué es tan poderoso el perdón para la magia?

Vishen Lakhiani, el fundador y CEO de Mindvalley, descubrió un gran secreto en medio de un entrenamiento en sistemas de meditación que logran generar las mismas ondas cerebrales que tienen millonarios, genios, monjes y místicos en Victoria, British Columbia, en Canadá. Lo llamó "40 años de Zen", porque logra los mismos efectos de quienes han meditado por 20 a 40 años.

El secreto se usa para intensificar las ondas alfa del cerebro, asociadas con la alta creatividad, la compasión, el perdón y el amor. En este, se enfocó absolutamente durante siete días hasta lograr los picos increíbles en las ondas alfa.

Cuenta Vishen, literalmente, que en el entrenamiento:

Tenía que perdonarlo todo...tenía que perdonar a mis hijos a quienes amo, por los pequeños momentos en los que pudieron irritarme mientras quería trabajar, tenía que perdonar a mis padres, por las cosas más sencillas, tenía que perdonar a cada amigo que conozco, tenía que perdonar a gente que me ha lastimado genuinamente, tenía que perdonar a todos. Tenía que perdonarme a mí mismo, las versiones más jóvenes de mí mismo, tenía que perdonarme a mí mismo hace 10 años por una mala decisión de negocios, que me costó $3 millones de dólares. Tenía que perdonar, perdonar y perdonar... No era solo perdonar, era perdonar con amor. Al final de la sesión de perdón debías ser capaz de ver a esta persona que te ha lastimado tanto, venir a ti, y debes ser capaz de abrazarlo y sentir empatía y entendimiento por lo que han tenido que pasar... Otra filosofía en la que pienso es el que te lastima es porque ha sido lastimado, lo que simplemente significa que si te lastiman es porque ellos han sido lastimados, de alguna forma. Solo están haciendo lo mismo, pero tú tienes la habilidad de cortar ese ciclo y que no continúe. Piensa en la historia de la humanidad y como las naciones han luchado contra otras durante generaciones, debido a este loco ideal de que la gente lastimada lastima a otros, pero podemos perdonar, podemos seguir adelante.

Vishen nos regala esta versión simplificada del ejercicio que hacía:

1. Con los ojos cerrados, recrea la escena en dónde se originó la historia. Siente la rabia, la frustración, impotencia: siéntete ahí mismo, en este momento.

2. Mira la persona que te ofendió en frente tuyo y, de nuevo, solo por un minuto, siente la rabia y el dolor con esa persona.

3. Vuelve a ver a esa persona, pero ahora siente compasión por ella. Pregúntate qué aprendiste de esta situación, cómo lo que pasó pudo haber mejorado tu vida y recuerda que, incluso quienes nos han herido, se convierten en maestros que nos dejan grandes aprendizajes. ¿Cómo pudo haberte ayudado esta persona a crecer?

4. Piensa quién es en realidad esta persona, sobre qué dolor o situación dura pudo haber sufrido que la llevó a hacer lo que hizo.

Con ligeras variaciones, la psiquiatra Karen Swartz del hospital John Hopkins recomienda hacer que el perdón sea parte natural de tu día a día, de tu vida, y sugiere este ejercicio:

1. **Sé consciente de que el perdón es una opción** que tú tomas.

2. **Reflexiona y trae a tu memoria** los eventos que necesitas perdonar: ¿cómo reaccionaste? ¿Cómo te sentiste? ¿Cómo te han afectado hasta hoy?

3. **Empatiza con el ofensor,** entiende sus circunstancias.

4. **Decide perdonar de verdad, profundamente.** Solo perdonar porque crees que es lo correcto o por convicciones religiosas puede sanar. Pero, si además entiendes que nadie es perfecto y que por tanto no puedes esperar la perfección, podrás llegar a tener una relación normal de nuevo con esa persona. En cambio, solo perdonar por querer salvar una relación podría empeorar las cosas.

5. **Libérate de las expectativas.** No esperes disculpas. Si no te las ofrecen, el problema es de ellos y no tuyo, no las necesitas para perdonar.
6. **Sella tu decisión de perdonar con una acción.** Si no puedes hablarle a esa persona, háblale a alguien de tu perdón o escríbelo en tu diario.
7. **Perdónate a ti mismo, lo que haya pasado no refleja ni quién eres ni lo que en realidad vales.**

Yo practiqué estos ejercicios muy juiciosa, una y otra vez, hasta que llegó un momento en el que creía que había perdonado a todo el mundo. Repasaba caras y nombres de las personas que me habían hecho daño y me concentraba en la emoción que sentía en el corazón al recordarlas, para ver si aún tenía rencor, pero realmente no. Incluso, en medio de una reunión de trabajo, me llegó la luz: ¡a la que me faltaba perdonar de verdad era a mí misma! Siempre di por sentado que yo misma estaba "chuleada".

Y encontré este ejercicio poderoso para perdonarnos con el niño interior que tenemos, con ese niño que fuimos alguna vez... Es un ejercicio muy personal, así que busca el mejor momento y espacio para realizarlo. Se los dejo, con mucho cariño.

Escucha con el corazón y lo harás de la manera correcta. Es ideal que puedas hacerlo frente al espejo, trata de mirarte con tal compasión y aceptación que en tus ojos veas a ese niño que fuiste con su sonrisa, sueños, juegos y alegría.

Comienza por agradecerte por este tiempo que sacaste para ti mismo, siéntete verdaderamente agradecido y date unos segundos para disfrutar esa sensación.

Respira profundamente, sintiendo que inhalas amor y aceptación, y que exhalas miedos, rabias, temores, frustraciones. Repite estas respiraciones por lo menos cinco veces.

Comienza a hablarte. Te doy un ejemplo para que puedas hacer tu propio diálogo honesto:

"Acá estoy yo —di tu nombre y háblate a ti mismo cuando eras niño, comienza un diálogo honesto desde el fondo de tu corazón— te saludo con amor: perdona mi dureza cuando has sentido miedo, acuérdate que nos prohibieron ese tipo de sensaciones porque nos hacía menos que los demás; perdona el no haberte defendido de tantas personas que pasaron sobre ti; perdona mi falta de autenticidad por cumplir un patrón en la sociedad, por dudar de ti, de tus capacidades; perdona por tenerte tan olvidado, perdona mi falta de fuerza para defenderte y hacerte respetar ante los demás, por no defender nuestras causas, por convertirse en molestia para otros y evitar problemas; perdona por hacer cosas por quedar bien aunque pasara por encima de ti; perdona mi zona de confort y no cumplir los sueños que tanto anhelabas; perdona el criticarte cuando aclaras mis ideas, por cumplir con un libreto social; perdona por dejar de bailar, disfrutar la lluvia y jugar en la playa, perdona por no respetar mi sexualidad y decir sí, cuando quería decir no; perdona por tantos años de olvido. Sé que estabas allí, pero la verdad escucharte significaba encontrarme con mis miedos ocultos, escucharte era recordar las cosas que me dolían porque no sabía cómo sanarte y de paso sanar al ser que soy hoy".

Di todo lo que quieras. Si te nace llorar o gritar, déjate ir. Libera tus emociones represadas.

Luego: "yo —nuevamente repite tu nombre— hago los siguientes compromisos que estoy dispuesto a cumplirte". Por ejemplo, "prometo respetarte, cuidarte, protegerte y en la medida de mis capacidades, correr tras nuestros sueños. Prometo tomar las clases de pintura, de baile, de canto, de algún deporte, etc.". Promete lo que en verdad puedas cumplir, lo estás haciendo ante tu niño inocente que te cree y espera.

Finaliza con todo el amor que le tienes a ese niño o niña que fuiste, dale las gracias por estar contigo, por acompañarte, por oírte, perdonarte, y por sanarte. Con los ojos cerrados, imagina que se están abrazando: dale un beso y visualízalo haciéndose muy pequeño. Llévalo adentro de tu corazón.

Agradece profundamente este momento.

Perdonar tiene además múltiples beneficios para la salud.

Según la prestigiosa Clínica Mayo, perdonar, además de mejorar nuestras relaciones, decrece la ansiedad y el estrés, baja la presión sanguínea, disminuye el riesgo de depresión, fortalece el sistema inmune y, también, al corazón.

1. **La gratitud: un sentimiento de reconocimiento o agradecimiento que una persona tiene hacia quien le ha hecho algo positivo.**

   Desde que somos niños nuestros padres y adultos cercanos nos enseñan a dar las gracias cuando recibimos algo o cuando nos han prestado un servicio. Con esto nos están dando un regalo maravilloso, cargado de poder, que nos servirá siempre para ver el mundo diferente, sentirnos bien y cambiar nuestras circunstancias externas e internas.

   Cuando, sin importar las circunstancias, empezamos a ser conscientes de lo afortunados que somos y agradecemos todo lo que nos rodea —el sol, la luna, el aire que inhalamos y exhalamos, los ojos, oídos, la inteligencia, la belleza, los talentos, la alegría, la paz, el regalo de estar vivos, la cantidad de oportunidades que se presentan al contar con un día más de vida, los seres que somos, las personas que nos rodean, la cama donde dormimos, el café de la mañana—, veremos cómo suceden hechos que realmente mejoran nuestro entorno. Cuando agradecemos con el corazón, de manera que sea nuestra emoción quien da las gracias, los pensamientos se vuelven más amorosos. Empezamos a ver como la realidad que experimentamos empieza a cambiar y nos encontramos con una serie de hechos aparentemente inexplicables, pero reales y significativos.

En el momento en que logramos transformar la queja por agradecimiento, el mundo —interno y externo, juntos— empieza a confabular para crear una mejor realidad.

El artículo del *New York Times* titulado La neurociencia de la gratitud, por Emily Fletcher — fundadora del método de meditación Ziva para mejorar el rendimiento— cita uno de varios estudios que muestran cómo la gratitud cambia físicamente el cerebro, que puede ser un antidepresivo natural. Cuando nos tomamos el tiempo para preguntar por qué estamos agradecidos, ciertos circuitos neuronales se activan. La producción de "neurotransmisores de la felicidad", como la dopamina y la serotonina, aumenta y estos actúan como los mismos medicamentos antidepresivos. Solo con preguntarnos por qué cosas estamos agradecidos, empieza a cambiar positivamente la química del cerebro.

Por su lado, el doctor Robert Emmons, experto en gratitud de la Universidad de California, señala en su libro *Gracias: de como la nueva ciencia de la gratitud puede hacerte feliz,* que sentir gratitud alarga y mejora nuestra calidad de vida, previene enfermedades, brinda energía. Y lo mejor de todo es que está al alcance de todos.

Emmons, junto con su colega Mike McCullough de la Universidad de Miami, escogieron participantes al azar y les dieron una de tres tareas. Los participantes llevaban un diario cada semana: un grupo escribía cosas por las que estaban agradecidos, otro anotaba lo que los molestaba y el tercero hacía un seguimiento de los eventos neutrales. Después de diez semanas, los participantes en el grupo de gratitud se sentían un 25 % mejor que los otros grupos.

Por su parte, Rhonda Byrne, famosa por el libro *El secreto*, dice: "descubrí un secreto sobre la vida, y a raíz de mi descubrimiento, una de las cosas que empecé a hacer fue a practicar la gratitud todos los días, la consecuencia fue que todo cambió en mi vida, cuánto más practicaba la gratitud, más milagrosos eran los resultados. Mi vida se volvió verdaderamente mágica".

Según el Centro de Investigación de Concientización Mindfulness de UCLA, expresar gratitud literalmente cambia la estructura molecular del cerebro, mantiene la materia gris funcionando, y nos hace más saludables y felices. Los niveles más altos de gratitud se asociaron con un mejor sueño y también con niveles más bajos de ansiedad y depresión.

Es muy importante que desde niños creemos conscientemente momentos de agradecimiento. Este es un ejercicio para hacer con nuestros hijos, sobrinos, o niños amados.

Los tomamos de las manos y les decimos que vamos a dar gracias por algo que para ellos sea importante. Los invitamos a cerrar los ojos, respirar lentamente, inhalar y exhalar. Les explicamos desde el amor que el agradecimiento es una gran llave para sentirnos felices. Luego, los invitamos a encontrar en su mente ese momento importante —podemos darles ejemplos: "cuando estabas en el parque, el día de tu cumpleaños", etc.—. Invitémoslos a pensar en momentos y no en objetos. Y si piensan en objetos, como sus juguetes, llevémoslos al momento de recibirlo o al amor de la persona que se los regaló. Los guiamos para sentir esa emoción y agradecer a Dios, a esa fuerza hermosa donde solo hay amor, desde el corazón. Luego, aprovechando ese momento de concentración, de manera amorosa le decimos lo importante que es su vida para nosotros, el amor que le tenemos, como mejoró nuestra vida desde que llegó a este mundo, la felicidad y alegría que nos produce, los buenos deseos que tenemos para que sea un ser sano y le damos gracias a Dios por ese momento.

He tenido la oportunidad de encontrarme con algunas personas que han pasado por crisis financiera, falta de amor a sí mismos, pocas ganas de luchar por encontrar su propósito de vida, altibajos en salud, que solo haciendo ejercicios de agradecimiento empezaron a sentirse mejor, a subir su energía y a mejorar, en todo sentido.

Cada vez que puedas, haz listas de todo lo que tienes para agradecer. ¡Es increíble cómo esta práctica nos ayuda!

2. La compasión

La compasión es otro gran acelerador de la magia. Parte de ponerte en los zapatos del otro para respetarlo. Incluso, va más allá: es una relación entre el que sana y el herido en condición de igualdad. Es la habilidad de entender el estado emocional del otro, hacerle sentir que lo entendemos, que está seguro y, a la vez, de querer aliviar su sufrimiento con amor. La compasión nos da sentido de propósito y nos hace sentir conectados entre nosotros; partes de algo más grande. *Sin compasión nos sentiremos muy solos.*

La compasión normalmente la asociamos a Jesús, Gandhi, el Dalai Lama o la Madre Teresa, pensamos que es solo para las personas muy espirituales o religiosas. En algunos casos creemos que es solo para los ricos que pueden hacer donaciones enormes y, en otros momentos, la confundimos con lástima. Entonces, sentimos que es algo lejano a nosotros.

En su libro *The Power of Compassion,* Deborah Calla dice esta frase que me encanta por lo sencilla y poderosa: "Todos los días tenemos una oportunidad de cambiar la vida de alguien prestando atención a sus necesidades. Todos los días alguien tiene la oportunidad de cambiar nuestras vidas por la misma razón. La compasión no tiene que ser grandiosa, puede ser un acto simple o un gesto que lleve el poder de conectar y de transformar". Ayudar a otros aumenta la esperanza y el coraje, y disminuye el miedo y la desesperanza.

Cuando estamos en un vacío profundo, "en las malas", la compasión es nuestro impulso más grande: necesitamos sentirnos conectados, entendidos, apoyados, amados, sentir que estamos acompañados con amor. La compasión nos ayuda a sanar y a superar las dificultades.

También, cuando estamos viviendo una experiencia maravillosa solos, ¿no pensamos en la delicia que sería tenerla en compañía de otros? Saber que tenemos familia y amigos que nos respalda cambia la percepción de nuestra vida.

La conexión con otros seres humanos es esencial para nuestra propia felicidad, nos necesitamos para compartir y experimentar juntos la vida, que nos lleva a niveles de felicidad increíble.

La Universidad de Harvard hizo un estudio durante 75 años, siguiendo a las mismas personas, y su mayor hallazgo fue que el eje para la felicidad eran las buenas relaciones humanas —las conclusiones las pueden encontrar en la plataforma de TED por internet—.

Lo triste es que es muy fácil desconectarnos y aislarnos. Nos metemos tanto en nuestros mundos, en nuestros dolores, en nuestras pérdidas y penas, problemas, angustias, enfermedades, y miedos que nos conducen a una desconexión.

Cuando oímos las noticias sobre desastres, tristezas, cosas absurdas, guerras y peleas de egos, probablemente decidamos dejar de oírlas. Sin embargo, oyéndolas sabemos a quién podemos ayudar, y si estamos lejos, por quien rezar, como lo decía en su momento mi maestra de terapia de ángeles Doreen Virtue.

Si nos desconectamos de las noticias y de los problemas de los demás, podemos desconectarnos de nuestra habilidad de sentir compasión y empatía. Y ahí sí podemos perdernos en un sin sentido de vida, perder el significado de estar vivos.

¿Cómo se desarrolla la compasión?

Les dejo un ejercicio y un par de recomendaciones para aumentar nuestra compasión y disfrutar de sus beneficios.

1. El primer paso es ser conscientes de lo que nos pasa. Darnos cuenta en el momento en que estamos siendo reactivos, cuando se nos sube la sangre a la cabeza, nos sudan las manos, se nos acelera el corazón y estamos juzgando a los demás.
2. Traigamos nuestra mente al momento presente, enfocándonos en nuestra respiración y sintiendo nuestro cuerpo contra la silla, o nuestros pies sobre el suelo para asentarnos e ir calmando nuestra mente.
3. Toquemos con la mano nuestro corazón y reconozcamos el momento difícil, como símbolo de abrirnos a la compasión y enviar sanación a la parte herida en nuestro interior.
4. Imagínate siendo abrazado por Dios, por una figura espiritual de tu devoción, o por alguien a quien amas y quien te ama.
5. Regálate unos minutos para sentir la compasión y la sensación sanadora que la acompaña, hasta que te sientas tranquilo y viviendo este momento presente contigo mismo.

Las siguientes dos recomendaciones las sugirió la reconocida psicóloga estadounidense Tara Brach:

1. Trae a tu mente a alguien que te importa y que esté sufriendo. Reflexiona cómo está siendo la vida para esa persona, se consciente de sus circunstancias y ponte en sus zapatos... En tu mente susúrrale un deseo profundo, con todo tu amor, de bienestar, de alivio, de fin a la situación que está atravesando. Si lo sientes, hazlo con tu mano en el corazón.

2. Conscientemente sé mucho más amable de lo que eres con quienes te rodean. Verás cómo te ayuda a liberarte de miedos y a sentirte más libre, más creativo, más conectado. Cómo dice la frase de Esopo, "ningún acto de amabilidad, por pequeño que sea, será desperdiciado".

Para reforzar esto, les comparto lo que halló un estudio sobre el cerebro liderado por el neurocientífico Jordan Grafman, del Instituto Nacional de salud de Estados Unidos: los llamados centros de placer del cerebro reflejan la misma actividad cuando presenciamos a alguien donar dinero a quien lo necesita, que cuando somos nosotros los que recibimos dinero. ¿Ah? ¡Increíble!

Empieza por casa: desarrolla la autocompasión

No nos juzguemos por decisiones equivocadas, pues hicimos lo que consideramos la mejor opción y seguro aprendimos. No nos condenemos, castiguemos o culpemos por errores del pasado. Al contrario, perdonémonos y entendamos que hubo siempre razones para tomar las decisiones del pasado. Entendámonos con amor y sepamos que todo era necesario para aprender lecciones importantes de vida.

Como en todo, debemos estar muy alertas a nuestros pensamientos duros sobre nosotros mismos. Cuando lleguen, conscientemente seamos amables y amorosos con nosotros mismos para conectarnos con la compasión. Esto es aún más importante en momentos duros, de dolor, frustración, fracaso o desmotivación.

Al lograrlo —y está comprobado en diversos estudios— reducimos la ansiedad, el dolor y la depresión, mejoramos la presión arterial, sanamos las heridas más rápido, reducimos los resfriados y su duración, activamos la oxitocina, que a su vez reduce los radicales libres y desacelera el envejecimiento, y mejoramos nuestro corazón. Además, aumentamos la felicidad al elevar los niveles de dopamina en el cerebro, nos da optimismo, satisfacción, resiliencia, mejoramos las relaciones con los otros y nos hace sentirnos bien con nosotros mismos, nos motivamos y reducimos la procrastinación.

Como si lo anterior fuera poco, también es contagiosa, tiene un efecto dominó en las personas que la reciben o que son testigos de ella. Mejor dicho, no podemos perdérnosla. Prueba aumentar la compasión y te aseguro que te transformará.

La fe

Arthur Dobrin en su libro *El arte perdido de la felicidad* describe a la fe de una manera hermosa: es una expresión de esperanza por algo mejor, que va mucho más allá de un deseo, es cercana a una creencia pero, en vez de originarse en la mente, se origina en el co- razón. Cuando actuamos con fe no tenemos garantías del mundo real. La fe habla el lenguaje del corazón y va mucho más allá de la mente consciente.

Reconocemos a la fe de verdad, la profunda, porque nos permite dormir tranquilos sabiendo que todo está en las mejores manos. La fe puede mover montañas si soltamos realmente el control y nos liberamos del apego al resultado. Esto es supremamente importante. Entre más pretendamos controlar, entre más nos obsesionemos con el resultado, creamos que podemos manejar las cosas y nos apeguemos a esta obsesión, menos fluirá la magia.

No es nada fácil soltar el control de verdad y rendirnos en fe. Para mí, ha sido y sigue siendo uno de los retos mayores. Tenemos que hacer un alto y practicar el soltar, una y otra vez, hasta que lograrlo. Y, ahí, veremos aparecer la magia.

Les paso estas recomendaciones del conferencista motivacional Mike Robbins:

1. Sé honesto contigo mismo sobre tu necesidad y costumbre de controlar todo. Con cariño repasa cuándo, dónde y cómo actúas controladoramente. Con transparencia, aunque te cueste, evalúa el impacto en tu vida y en la de quienes te rodean de esta obsesión de controlar las cosas.
2. Pregúntate seriamente si estás dispuesto a dejar el control. En principio la respuesta puede ser no. Pero, el solo hecho de hacerte la pregunta y de tener la disposición de responderla, te ayuda a empezar a dejar de pretender controlarlo todo. El cambio ocurre gradualmente.
3. Piensa en quién o quiénes pueden apoyarte en este proceso de soltar, es clave ese soporte. Hacerlo solos es casi imposible. También mostrar tu vulnerabilidad abiertamente a alguien en quien confías es un paso clave que muestra tu verdadera decisión de desapegarte del control.
4. Ríndete. Este es realmente el fondo del "dejar ir". No significa que abandones tu deseo ni que no te importe, significa, por el contrario, que confías y permites que este quede en manos de otros a través de la voluntad de Dios, de la inteligencia universal. Rendirnos ante la divinidad nos libera profundamente, nos quita pianos de encima, estrés y tensión, al escoger conscientemente tener una fe profunda en que todo está en las mejores manos.

Generalmente, por razones desconocidas, la fe se nos olvida y la vida se va convirtiendo en un sube y baja emocional que no tiene GPS, ni brújula ni mapa: aparecen solo caminos que se recorren sin sentido. A veces repetimos las mismas historias como si no hubiéramos aprendido y solo cuando tocamos fondo y el camino que queda es el "rendirse" ante esa fuerza que todo lo puede, es cuando olvidamos al ego, la razón y las explicaciones conscientes. Ahí es cuando recordamos tener fe.

En el libro *Cómo alcanzar el bienestar físico y emocional mediante el poder la mente,* la doctora Joan Borysenko, Ph.D. y directora de la clínica para la Mente y el Cuerpo de la Facultad de Medicina de Harvard, cita el siguiente aparte de la biblia católica: "Hace 2000 años, una mujer que sufría de una prolongada hemorragia uterina acudió a Jesús de Nazareth. Se acercó a él en medio de la multitud, tocó el borde de su túnica y quedó curada instantáneamente. Jesús se volvió a ella y explicó que era su fe lo que la había curado". Sobre el mismo, anota: "después de siglos de lento progreso hacia las explicaciones racionales del mundo físico, inclusive los científicos pueden por fin empezar a apreciar la verdad de su afirmación".

Tener fe puede mejorar significativamente el tratamiento de las personas con enfermedades psiquiátricas.

Así lo asegura un reciente estudio realizado por la Facultad de Medicina de la Universidad de Harvard y el Hospital McLean, en Estados Unidos. Los especialistas investigaron en el transcurso de un año a 159 pacientes ingresados en el Hospital McLean con enfermedades psiquiátricas, con el fin de encontrar la relación entre el nivel de fe de un paciente, las expectativas de curación y los resultados reales.

Para esto, se pidió a cada participante que calibrara en una escala de cinco puntos su fe en Dios, así como sus expectativas de curación. Por otro lado, se evaluaron al inicio y al final del estudio los niveles de depresión, de felicidad y los daños físicos autoinfligidos.

Los investigadores llegaron a la conclusión que los pacientes con niveles altos de fe tenían el doble de probabilidades de responder más rápidamente al tratamiento que los pacientes ateos o que no creen tanto en Dios.

Los especialistas concluyen que la fe en Dios está asociada a mejores resultados de los tratamientos psiquiátricos.

El autor principal del estudio, el doctor David H. Romero, afirma que esta relación se produce "independientemente de su afiliación religiosa", y que los pacientes obtienen una mejora en su bienestar psicológico y un descenso "en su depresión y su intención de provocarse daño a sí mismos".

Otros estudios han demostrado el poder terapéutico de la oración. En 1988, el cardiólogo Randolph Byrd hizo el primer estudio clínico sobre sanación a distancia en el Hospital General de San Francisco. Para ello, dividió a 393 pacientes con problemas cardiacos en dos grupos.

Uno recibió oraciones de desconocidos que solo conocían sus nombres, mientras que el otro grupo de pacientes no rezó a nadie. El estudio reveló que las personas por las que no se rezó necesitaron más medicación y fueron más propensas a sufrir complicaciones.

Si los ayuda a ellos, a los enfermos psiquiátricos, nos puede ayudar a todos.

Ahora pasemos a lo que impide o retrasa que hagamos nuestra magia.

Ocho frenos para la Magia

Hay frenos muy grandes que retrasan cualquier creación mágica:

1. El desamor propio. ¡Ojo!, este a veces no es tan fácil de identificar. Les recomiendo hacer un alto y reflexionar qué tanto de verdad nos queremos, qué tanto dejamos que los demás nos quieran, qué tanto dejamos que Dios nos quiera...

2. Dudar de nosotros y de nuestras capacidades, dejándonos llevar por la mente que nos manda pensamientos negativos, limitantes, que antes de mover un dedo nos dice que no vamos

a ser capaces... Tenemos el poder de cambiar esos pensamientos, de darles la vuelta una y otra vez. Solo depende de nosotros mismos.

3. Juzgarnos o señalar a terceros. Así como los demás nunca podrán saber exactamente porqué hicimos lo que hicimos, tampoco nosotros podremos saber nunca por qué alguien hizo lo que hizo.

4. La culpa. Acá cito a la autora budista Pema Chödrön: "habitualmente erigimos una barrera llamada culpa que nos impide comunicarnos genuinamente con otros y la fortalecemos con conceptos de quién está en lo correcto y quién equivocado. Lo hacemos con la gente cercana, con los sistemas políticos, con todo lo que no nos gusta de nuestra sociedad". Así que, en vez de apropiarnos de nuestro dolor para enfrentarlo y sanarlo, buscamos a quien achacárselo sin que esto nos permita sanar de verdad.

5. Quejarse. ¡Cuidado!, esto se vuelve un vicio que se contagia y se multiplica. Es totalmente destructivo, no solo para nosotros, sino que termina minando familias y deprimiendo sociedades.

6. La envidia que viene cuando nos comparamos con otros, olvidándonos que cada uno tiene su camino y que todos los caminos son perfectos en su imperfección.

7. El chisme, otro vicio adictivo y destructivo individual y colectivamente. Nada bueno nunca viene de este. Es como las drogas, un placer falso y momentáneo que nos va acabando.

8. La mentira, que se arraiga desde la exageración aparentemente inofensiva para hacer un chiste hasta el engaño a uno mismo, en donde a veces terminamos sin saber exactamente qué es cierto y que no.

Todo es simple, pero nada es fácil. Los seres humanos somos complejos, aun así, nada es imposible. Ser conscientes de quiénes somos y de lo que hacemos, qué tanto y cuándo usamos los frenos para la magia es un primer gran paso. Con esto ya tendremos ganada la primera mitad del camino.

La otra mitad la tendremos que recorrer minuto a minuto, cuidando nuestros actos, siendo muy consciente de lo que pensamos, sentimos, decimos y hacemos para vivir con los aceleradores para la magia. Entre más nos movemos en este camino, más magia pasa. Y cuanto más avanzamos, sacando a nuestro hechicero interior, increíblemente nos volvemos más poderosos.

Capítulo 9

Pero ¿cuál es el propósito final de la magia?
Servirnos a nosotros y a los demás desde el amor.
Escuchemos y atendamos el llamado de nuestra alma.

*Quiero comenzar este capítulo con este extracto tomado del libro Construye tu **destino** de Wayne Dyer:*

Si recibes una gran enseñanza, querrás enseñarla a los demás. Si recibes amor, desearás proyectar ese amor incondicionalmente hacia el exterior. Percibirás automáticamente tus relaciones como dones para ponerlos al servicio de otros. Al contemplar el propósito de tu vida en el plano material, descubrirás que lo único que puedes hacer con esta vida es entregarla. No puedes aferrarte a nada en un universo que cambia constantemente. No puedes establecer derechos sobre nada. Todo es transitorio. La única parte de ti mismo que es permanente, aquella que no cambia, es la esencia espiritual que reside en una dimensión invisible.

Encontrarás un propósito y fortaleza cuando veas que estás relacionado con todos los otros seres vivos, y tendrás un propósito y te sentirás en paz contigo mismo cuando sirvas a los demás en alguna medida. El propósito mismo de la manifestación es el de servir más plenamente y dejar atrás el engreimiento dominado por el ego.

Tu bienestar, que es el propósito de la práctica de la manifestación, se halla genuina e inextricablemente conectado con las vidas
y el bienestar de otros. Esencialmente, tus intereses son insepara-
bles de los intereses de los demás. Es este reconocimiento de nuestra interconexión fundamental lo que nos permite darnos cuenta
de que todos estamos en una constante situación de servicio los
unos con los otros. Es esta conciencia la que queremos mantener
como la más importante en nuestra mente, a medida que genera-
mos este principio de la manifestación espiritual. El servicio es la
opción que tenemos cada uno de nosotros de mostrar una actitud
útil y curativa a otros, así como a nosotros mismos. Una de las
consecuencias naturales de sentirse agradecido por las manifes-
taciones de nuestra vida cotidiana es la de experimentar la incli-
nación a ser generoso. La gratitud, la generosidad y una actitud
servicial, tomados como nuestro propósito, constituyen los valores fundamentales de este último principio.

**Al asumir el servicio a los demás como uno de los propósitos
de tu vida y dejar atrás el engreimiento, descubres la ironía de
la manifestación. Cuanto más decidas ponerte al servicio de los
demás, tanto más profundamente experimentarás amor incondicional y tantas más cosas verás materializarse en tu vida.**

Escucha y atiende el llamado de tu alma

Detrás de cualquier logro grande que vayamos a crear conscientemente estará un gran porqué, una gran razón o propósito fundamental. Esto se traduce en la práctica en un deseo profundo e
intenso que nos dará la fuerza y el poder necesario para superar
cualquier obstáculo, y llegar a donde soñamos.

Lo primero que debemos hacer para encontrar o reconocer
ese gran porqué es entender que es interior y no exterior. Es decir,
viene desde lo más profundo de nuestro ser y no desde alguna
expectativa de afuera.

Las metas que debemos lograr según la cultura, nuestro círculo social y la familia —con la mejor intención— no están necesariamente alineadas con nuestro propósito. Es más, por lo general están muy desalineadas y terminan sacándonos del camino al que vinimos a esta vida. Tener casa, carro, títulos académicos, trabajo con un sueldo que se consuma con los gastos, ojalá una posición con un título que descreste y, además, una pareja estable e hijos, son algunas de las cosas que se supone que debemos tener en la mayoría de las culturas.

Claro, "por supuesto que las debemos tener", dice la racionalidad y la lógica. ¿Quién puede dudarlo? Y se convierten entonces en objetivos por los que hay que sufrir, luchar, sacrificar horas de vida, de sueño, sentir cansancio extremo, dolor, aguante, resistencia. Y solo unas "metas volantes" o pequeñas conquistas en la carrera de la vida nos dan una satisfacción momentánea hasta que la vida nos vuelve a atrapar con su carrera.

El carro, la casa, el sueldo para pagar los gastos... ¿Y? Llegamos a la "meta volante" solo para saber que, al cabo de unos días, ya habremos vuelto a la curva de la insatisfacción, a seguir teniendo metas y metas que no nos dejan disfrutar el momento presente. Nos mantienen como los caballos persiguiendo zanahorias de un futuro maravilloso que nunca termina de llegar por más que acumulemos todo lo del interminable listado que nos pide la sociedad. De hecho, el nivel de felicidad de quienes se ganan las loterías suele ser más bajo después de un año de haber recibido el premio que lo que estaba antes de habérselo ganado. Está medido.

En esta búsqueda de lo que se supone, de lo que "debemos", de lo que se espera de nosotros, con frecuencia nos desviamos de nosotros mismos. A mí me pasó. Por enfocarme en lo que "debía ser" y en lo que "debía tener", me olvidé de mí, y me perdí sin darme cuenta en esa película de ficción hermosa. Esa misma que nos venden de generación en generación y que viene bien alimentada en películas, revistas, libros, comerciales; la que mucha gente repite y repite sin darse cuenta.

Cuando finalmente pude oírme a mí misma, frenar el acelera-miento y tomar consciencia de que la vida que me estaba viviendo a mi —sí, literalmente, porque no la vivía yo sino que me vivía ella a mí en automático— me sentí como si hubiera estado actuando por años en una película que ni siquiera dirigía, como si fuera un personaje más en mi propia vida y para nada era la protagonista, que se vestía, hablaba y se comportaba acorde a un rol previamen-te dictado por un montón de reglas sociales.

En otras palabras, sentí que yo no estaba siendo yo. Sentí como si fuera una impostora en mi propia vida.

Ni siquiera soy consciente cuánto tiempo duré así, desconec-tada de mí misma, siendo otra. Repitiendo palabras, porque era lo que se esperaba que dijera. Escogiendo "pintas" para quedar vestida como tocaba para recibir halagos o por lo menos pasar el estándar, haciendo lo que creía que debía para quedar bien o buscando que los demás pensaran bien y hablaran de mí. Daba demasiada importancia a esa imagen que debía representar, al per-sonaje que actuaba y trataba de perfeccionar día a día ese rol. Me fui alejando cada vez más de mí. Tenía momentos de alegría, pero claramente no era feliz.

En mi proceso tuve la oportunidad de ver a Carolyn Miss en una conferencia. "Sé brutalmente honesta contigo misma", dijo y le puso mayúscula a ese HONESTA. "Brutalmente honesta" sobre quien soy en realidad. Sus palabras retumbaron en mi cabeza.

Empiezo por confesar que no era tan fácil ser brutalmente ho-nesta. Llevaba tantos años en el rol que actuaba mecánicamente que, aunque dentro de mí sabía que yo no estaba bien como estaba, tampoco veía con claridad a la verdadera Carolina allá adentro.

Para colmo, la cabeza no ayudaba para nada, daba argumen-tos racionales sólidos para cosas contradictorias entre sí. Un día, según mi cabeza, mi yo verdadero era una cosa y al día siguien-te ese mismo yo, derivado de la lógica, podía ser cualquier otra. Por ejemplo, la lógica me decía un día que yo seguramente había venido al mundo a luchar por los derechos humanos y debía desprenderme de todo y vivir como una hippie. Pero, al día siguiente llegaba a la conclusión que era mi vida corporativa la que me daba mi propósito, y que este no era nada diferente a garantizar un sueldo para que mi familia tuviera lo necesario para vivir tranquila.

Además de meternos en contradicciones, la cabeza también nos mete miedos: "si así lo tienes todo para que te cuestionas, no cuestiones ni pretendas cambiar lo que está funcionando bien, de pronto lo dañas y luego no lo recuperas, te puedes arrepentir", me decía.

En el fondo, yo sabía bien que me estaba traicionando, que estaba viviendo la vida de "otros", una película y no precisamente la mía. Y por eso no me sentía bien. Esa vida me drenaba la energía, me agotaba, tampoco me dejaba dormir bien. No me estaba construyendo sino destruyendo, iba por un recorrido largo con muchos obstáculos y que claramente se desviaba de mi camino natural.

Y me quedó una lección: *no podemos nunca traicionarnos si queremos que todo nos fluya.* Cuando somos fieles a nosotros mismos, entramos al camino del propósito y las piezas del rompecabezas de la vida empiezan a acomodarse. ¡Mágicamente todo comienza a fluir!

En cambio, cuando nos estamos traicionando, la vida se encarga de mandarnos tantas dificultades y problemas como sean necesarios, hasta que algún día entendamos las señales —muchas veces después de golpearnos muy fuerte y con dolor— para que, finalmente, nos reubiquemos en nuestro camino.

Nuestra brújula interna sabe perfectamente cuándo no estamos en el camino correcto, solo que aprendemos a ignorarla con mucha frecuencia y tomamos decisiones en nuestra propia contra para darle gusto a otros. De esta forma los ponemos por encima nuestro, a lo que creemos que ellos esperan de nosotros.

Lo justificamos racionalmente porque queremos a esos otros y nos parece bien que sean nuestra prioridad aún a costa nuestra, o porque queremos agradarles pensando que nos querrán más. O, incluso, porque nos engañamos creyendo que no nos merecemos ser nuestra propia prioridad, y que la única opción es que esos otros estén por encima nuestro.

Mirando hacia afuera, a esas metas de las expectativas de los demás y del deber ser de la sociedad, nunca vamos a encontrar nuestro propósito. Si no encontramos nuestro propósito y no nos alineamos con él, como les decía, el camino va a estar lleno de obstáculos e inconvenientes cada vez más fuertes, que nos estarán zarandeando a ver si entendemos en algún momento que no vamos por donde es.

Reitero: una vez encontramos nuestro propósito y nos encaminamos con decisión y compromiso, partiendo del amor por nosotros mismos, por respetarnos y valorarnos, la magia empieza a asomarse. Todo empieza a acomodarse y a fluir gradualmente.

¿Cómo encontramos entonces nuestro propósito?

Como lo mencioné antes, creo firmemente que el propósito de todos en esta tierra está determinado por el servicio a los demás. Solo recuerden la satisfacción, la sensación de plenitud tan grande en el corazón, que se siente en el alma, luego de haber podido ayudar a alguien y ver el efecto de esa ayuda en el otro.

Lo que hace particular el propósito de vida a cada uno de nosotros es el cómo servimos. Los artistas lo hacen a través de su arte y nos transportan con la estética a otros mundos. Los artistas de todo tipo: escritores y deportistas que con su talento y destreza que nos sacan de los problemas cotidianos. Por su parte, los guerreros lo hacen con su sentido de protección y defensa hacia los demás. Los luchadores por la justicia lo hacen dentro y fuera del sistema judicial, y podríamos seguir con varios ejemplos más.

Todos sin excepción son propósitos, porque involucran el bien de otros.

¿Cómo saber cuál es nuestro propósito y cómo poder ejercerlo? Una primera aproximación se la escuché al coach y autor español Pablo Alamo, quien me enseñó sobre la "zona de la genialidad" o la intersección entre lo que nos apasiona hacer y aquello para lo que somos muy buenos.

Si no lo han hecho antes, les recomiendo suspender por un instante la lectura y hacer muy conscientemente las siguientes dos listas:

Lista 1: Si tuviera mi vida económica resuelta, ¿qué es eso que me apasiona hacer y qué haría todos los días de mi vida sin que me pagaran, solo por el placer de hacerlo?

_____

_____

_____

_____

_____

_____

Lista 2: ¿Qué cosas hago muy bien, tengo una gran capacidad y/o un gran talento para hacer?

_____

_____

_____

_____

_____

_____

Busquen ahora las intersecciones y combinaciones entre ambas listas. Si, por ejemplo, les encanta hacer trabajo social y son muy buenos con los números, podrían trabajar en una ONG, ayudando en el trabajo social y siendo remunerado por llevar las finanzas.

Esa intersección entre lo que nos apasiona hacer y en lo que somos muy buenos, la "zona de la genialidad" de cada uno de nosotros, que se traduce en el trabajo que más nos motivaría y que además haríamos muy bien, puede resolvernos o acercarnos significativamente a caminos para aterrizar nuestro propósito.

Una vez hagan las combinaciones entre ambas listas, construyan una o varias frases en presente que resuman su zona de la genialidad. Luego, cierren los ojos unos minutos, repitan mentalmente o en voz alta las frases, y sientan con cual se sintonizan más.

Adam Leipzig en su TEDxMalibu va un poco más allá. Ha tenido un gran éxito en YouTube con más de 13 millones de visualizaciones. Leipzig promete la fórmula para descubrir en cinco minutos cuál es nuestro propósito. Es muy sencilla, vamos a hacerla en paralelo. Deténganse en cada pregunta y piensen o incluso escriban su propia respuesta.

El paso uno de Leipzig en el TED es preguntarle a la gente en la audiencia quiénes son, y les pide que contesten solo con su nombre.

¿Quién soy?

_____

_____

Luego, les pide que piensen en lo que aman hacer, y además están muy calificados para hacer bien. Piénsenlo ustedes por el tiempo que necesiten y respóndanse a sí mismos con la mayor honestidad.

¿Qué amo hacer y además hago muy bien?

_____

_____

_____

_____

_____

Las preguntas 3, 4 y 5 ya no tienen que ver con nosotros, sino con los demás, a quienes impactaremos con nuestro servicio. La pregunta 4 es para quien lo harían. Eso que aman hacer y que además hacen bien, piensen para quién quisiera hacerlo todos los días. Definan su target o público objetivo.

¿Para quién o quienes lo haría?

_____

_____

_____

_____

_____

Luego piensen y sientan qué es lo que quieren o necesitan esas personas, para qué los buscan, qué esperan en su vida gracias a ustedes. Escríbanlo a continuación.

¿Qué quieren, necesitan o buscan esas personas que puedo entregarles con amor?

_____

_____

_____

_____

_____

Y la última pregunta de la fórmula de Leipzig es: ¿cómo cambian esas personas gracias a ustedes?, es decir, qué logran como resultado de lo que ustedes les dan.

¿Cómo cambiaron esas personas gracias a lo que pude darles?

_____

_____

_____

_____

Esta última pregunta de Leipzig me recuerda palabras de Oprah Winfrey: "cuando haces lo mejor en un momento dado, esto te lleva al siguiente mejor momento, entonces, haz solo lo mejor". Cuando servimos a otros, inmediatamente nos sentimos felices. Dimos lo mejor y nos sentimos muy bien. La conclusión es que siempre demos lo mejor en cada momento, y siempre nos sentiremos muy bien. Y esta reflexión conecta con el mensaje de Eckhart Tolle: lo único que existe es el ahora, si lo vivimos dando lo mejor, el futuro también será lo mejor cuando sea nuevamente un ahora.

Interesante, ¿no? Volvamos al ejercicio.

Recordemos las imágenes que nos llegan y a las emociones que tenemos en cada pregunta. Seamos muy conscientes: entre mejor nos sintamos con nuestras respuestas, más cerca estaremos de nuestra verdad.

Respiremos. Hagamos una pausa si es necesario. Viene otro ejercicio poderoso. Cuando estemos listos, continuemos.

Nick Seneca Jankel, en su libro *Switch On*, propone estas diez preguntas para ayudarnos a encontrar nuestro propósito de vida y sugiere que nos las hagamos en un entorno tranquilo, silencioso, relajado, entrando en meditación y siguiendo el proceso que describo a continuación. Yo recomiendo escribir las respuestas que nos lleguen a cada pregunta.

Empecemos desde el corazón. Siente ahí tus emociones y luego síguelas a través de tu cuerpo y tu mente. Con tu respiración exhala tus miedos, molestias, todo lo que debes hacer... ¡Iniciamos!

- En los últimos siete días, ¿qué momentos te han dado sentimientos de mucho amor, satisfacción profunda o sentido de propósito?

_____

_____

_____

_____

_____

_____

_____

_____

_____

_____

_____

- En el último mes, ¿cuándo te has sentido más lleno de vida? ¿Qué estabas haciendo? ¿Quién estabas siendo?

_____

_____

_____

_____

_____

_____

_____

_____

_____

• En los últimos seis meses, ¿cuándo te sentiste
más vivo y lleno de energía? ¿Qué estabas haciendo?
¿Quién estabas siendo?

_____

_____

_____

_____

_____

_____

_____

_____

• Desde la cabeza, ¿cuáles son los problemas
grandes que has encontrado en la vida? En el proceso de
superarlos, ¿qué talentos, dones o ideas desarrollaste?

_____

_____

_____

_____

_____

_____

_____

_____

• ¿Qué quisieras que dijera tu epitafio?

_____

_____

_____

_____

- ¿Qué quisieras que dijeran tus nietos de ti?

_____

_____

_____

_____

_____

_____

_____

_____

- Siente tus manos y deja afuera los "debo" y los "toca hacer". Piensa en un día promedio, ¿cuáles son las actividades que más te inspiran?

_____

_____

_____

_____

_____

_____

_____

- ¿Y cuáles te inspiraban cuándo eras un niño o una niña, antes de que la seriedad o la ambición llegaran? ¿Qué recuerdos te electrizan tu cuerpo/mente cuando piensas en ellos?

_____

_____

_____

_____

Preguntas para "salirnos de la caja":

- Si yo hubiera sido puesto por extraterrestres en este planeta para usar todas mis percepciones, experiencias, dones y talentos para traer más amor al mundo, ¿qué haría todos cada día de mi vida?

_____
_____
_____
_____
_____
_____
_____
_____
_____
_____

- Si nunca tuviera que trabajar de nuevo y todos me amaran tal como soy, ¿qué haría todos los días para sentirme más pleno y más vivo?

_____
_____
_____
_____
_____
_____
_____
_____
_____
_____

Otra vez recomiendo una pausa. Reflexionen sobre sus respuestas.

Un gran productor de televisión —amigo y a quien admiro mucho—, después de haber cosechado éxito tras éxito, decidió tomar su moto y arrancar un gran recorrido por Colombia. Juan Pablo Gaviria se desconectó así del mundo que lo aplaudía por sus logros, pero que le dejaba un gran vacío interior.

En su recorrido tomó muchas fotos increíbles, pero hubo una en particular que lo impactó. Era la foto de una niña del pacífico colombiano con una sonrisa de felicidad que no le cabía en la cara, que se comía una gran colombina verde. Al verla, Juan Pablo supo que había visto a la niña en otra parte. Buscó de nuevo sus fotos hasta que la encontró en otra imagen. Se demoró en reconocerla pues parecía otra, no tenía esa gran sonrisa y en cambio, parecía una niña que sufría.

¿Cómo pudo cambiar tanto la misma niña en pocos instantes? ¿Cómo pudo pasar de esa expresión de tristeza a estar plena y feliz? Algo tan pequeño como una colombina parecía haberlo logrado. *Algo pequeño puede ser muy poderoso.*

Juan Pablo se dedicó entonces a estudiar profundamente lo que hace que las personas puedan transformarse, encontrar su luz y su felicidad. Y en ese proceso encontró su propio propósito de vida: enseñar a otros a encontrar también sus propósitos.

Hoy Juan Pablo dicta conferencias y talleres presenciales y virtuales sobre el tema, basado en un método que desarrolló que cubre todas las áreas de la vida, con el que ha ayudado ya a miles de personas. Por eso, le pedí que escribiera sobre ese tema en particular para concluir este capítulo esencial para potenciar la magia y encontrar ese gran porqué, el que logra que miles de cosas mágicas sucedan en nuestras vidas. Me encantó lo que escribió, acá va...

"Enamórate del proceso": Juan Pablo Gaviria

Me gustaría finalizar este capítulo que muy amablemente Carolina me invitó a participar para decirles que, en últimas, tu propósito de vida "No" importa.

Claro, debes pensar que estoy totalmente loco porque va en contravía de todo lo que acabas de leer, y probablemente va en contravía de mi razón de existir, de mi propio propósito que es ayudar a las personas a encontrar el suyo. Pero te explico por qué.

Para esto te voy a hacer la misma invitación que te ha hecho Carolina de leer despacio, para que puedas ser consciente de las imágenes que vas visualizando a medida que van llegando a tu mente.

El éxito en la vida tampoco lo podemos medir en si tenemos o no claro nuestro propósito de vida. Hoy en día hay muchas personas para las que, el simple hecho de pensar en que no tienen un propósito, se convierte en una razón más para vivir angustiados. Y resulta que el propósito de vida no es una meta que cuando lo consigues todo se soluciona mágicamente. **La vida es un proceso de decidir quién quieres ser, para luego crear quién quieres ser y después experimentar quién eres.**

Por eso, para mí, el éxito en la vida consiste en aprender a conocernos para poder navegar con tranquilidad, ecuanimidad, felicidad. Es lo que yo llamo el eslabón perdido, el autoconocimiento.

El éxito en la vida es ese eslabón que te permite ser lo que quieres ser, de manera consciente, la mayor cantidad de tiempo posible en tu día para poder atraer lo que quieres.

Lo importante en la vida es conocerse profundamente para saber cómo reaccionamos, para saber cuándo nos habla nuestro ego y cuándo nuestra alma. Para ser coherentes entre lo que pensamos, decimos y hacemos. Para saber cuándo hablamos desde el ser consciente y no desde la programación subconsciente.

La guerra interior que vives, ese conflicto interno sobre lo que quieres, lo que te hace feliz, se gana ahí, en tu cerebro, en tus creencias, en tus paradigmas, en tu percepción de la realidad. Dentro de ti, nunca afuera. Se gana desaprendiendo todo lo que crees como cierto, aceptando no tener la verdad porque cada vez que crees tenerla, te quitas la posibilidad de aprender un poco más, especialmente aprender un poco más sobre ti mismo.

El mayor obstáculo para encontrar tu eslabón perdido es creer que tienes la verdad. Todos creemos que sabemos y conocemos la verdad, y es esa misma creencia la que no nos permite ver.

Resulta que el paradigma de nuestro conocimiento ha sido estar de acuerdo con todo lo que ves, oyes y lees siempre y cuando esté alineado con nuestras creencias y rechazamos todo lo que no coincide. Y esto lo llamamos aprender. Y resulta que no podemos aprender mientras rechazamos todo lo que no concuerde con nuestra realidad.

Ese rechazo viene del miedo. Del miedo a cambiar, del miedo a que todo lo que crees como cierto y has creído como cierto toda tu vida, pueda ser de otra manera. Pero la única forma de crecer es quitarse el miedo a cambiar, es entrando en la zona del miedo y enfrentando tus demonios. Y eso lo logras cuando te conoces porque reconocerás tus miedos. Y no creas que estás en la zona de confort y que no te mueves porque estás cómodo. Realmente esa es tu zona del miedo porque es donde estás paralizado por la incertidumbre del futuro, por la posibilidad de cambio en tu vida. Allí te has creído el cuento de que es mejor lo malo conocido que lo bueno por conocer. Creo que es la peor frase que se han inventado en la historia, porque desde el miedo se impide el despertar de conciencia y la evolución de la humanidad.

Y como les decía, la mejor forma de quitarse el miedo a cambiar es cuando te conoces porque los reconocerás, a tus miedos. Sabrás cuales son, como son, como se ven y por eso te será más fácil no salir corriendo cuando los veas.

Y si te encuentras a uno de ellos diciéndote:

—¿Y si no me sale? ¿Y si no me gusta el resultado? Pero, ¿qué van a pensar los demás si no les gusta?

—Soy feo, gordo o flaco, alto o bajito, no puedo cambiar. No puedo, no me atrevo.

¡Ojo!, cuida tus palabras, pensamientos y sentimientos. Recuerda que Dios y el universo siempre dicen que sí.

Si dices que no puedes —Dios dice sí—, pues no podrás. Así que no le creas a los miedos que te detienen de lograr todo lo que quieres ser.

Ahora mira tu pasado, visualízalo. Lo que has hecho, lo que ha funcionado y lo que no también. Las personas que has amado y las que no, también. Agradécele a todos los que te preceden por todo lo que has recibido de enseñanzas. Todos los que te has cruzado en tu camino son tus maestros, ya que traen consigo espejos para darnos cuenta de las cosas que tenemos por mejorar y, de esa forma, conocernos un poco mejor. Cada vez que eso pasa, es un paso más en el que avanzas y te acercas a conocerte plenamente. Y creo que a eso hemos venido al mundo. Por eso te digo que lo que menos importa en la vida es si encuentras tu propósito, lo que importa es si reconoces y aprendes a gozarte el proceso de encontrarlo.

Ahora, deja a esa persona atrás y visualízate en un lugar que te guste mucho así no exista. En ese lugar te vas a abrazar. En ese lugar te vas a querer tal cual como eres. En ese lugar lo que piensen los demás de ti no tiene importancia. Las expectativas que tienen otros de ti no tienen importancia. Abraza tu alma y visualiza un camino sin fin enfrente tuyo. Ese es tu camino. Te vas a enamorar de él y vas a agradecer todo lo que te suceda en él.

Cada vez que el camino te tumbe, caerás sonriendo y agradeciendo, porque sabes que es parte de tu proceso y, sobre todo, porque si sonríes cuando estés en el suelo, será un indicativo que eres consciente del proceso, por lo tanto, es lo correcto y reconoces la perfección de la vida misma. Y en ese camino, de la manera más natural el mismo propósito vendrá a ti.

En este camino en el que estás en tu mente, confías en todo lo que eres, no en lo que dicen los demás. En este camino haces de tu vida lo que quieras. Visualiza cómo quieres que sea tu vida en ese viaje. ¿Qué sientes? ¿Quién te acompaña? Ahora siente que eso que quieres es una realidad, no un deseo. Y suelta para que el universo y Dios hagan su trabajo. En ese camino todo lo podrás hacer. En ese camino no existe la zona del miedo, solo el del autoconocimiento.

Ese camino puede ser duro. Sí. Pero resulta que cuando ganas el coraje de patear tu propio trasero y lavar tu propio cerebro, entonces ganas la poderosa habilidad de transformar la ignorancia en autoconocimiento.

El mejor conocimiento es desaprender todo lo que crees como cierto para poderle dar paso a la sabiduría que es conocerse a uno mismo. Puedes aprender más de los libros, de tus profesores y del mundo, pero primero debes aprender a conocerte a ti mismo para poder entender profundamente las realidades ocultas de tu subconsciente. Una vez conoces sobre ti, se abrirán las puertas para que puedas tener un conocimiento más profundo del universo.

Hoy puede ser el primer día de tu nueva vida. Escríbela, reescríbela. Ámate más. Ama más. Baja tus expectativas de los otros. De ti mismo. Trata de no tener la razón, cada vez que lo haces es una muestra de tu ignorancia, entender a los demás será una muestra de tu sabiduría.

Juan Pablo Gaviria es un apasionado por la vida, contar historias y las motos. Desde hace unos años que logró encontrar la magia, está empeñado en mejorar radicalmente la vida de las personas reconectando cada neurona para llevar una vida con propósito. Hoy en día ya ha impactado la vida de más de un millón de personas a través de sus videos en sus redes sociales, talleres y conferencias que dicta. Y no se detendrá hasta lograrlo con cientos de millones...o hasta que muera, lo que sea que venga primero. En la actualidad, después de más de siete años desarrollando talleres, fórmulas y metodologías que cambien la vida de las personas, se ha convertido en uno de los principales exponentes en temas de propósito de vida y felicidad en Colombia.

Capítulo 10

Cierre: Tu momento es ahora. Hacer tu magia solo depende de ti, tienes las herramientas y no hay límites. Súbete al flow de la magia y ¡comienza ya a vencer tus miedos y a crear tu vida ideal!

Aquel día comprenderéis que yo estoy en mi Padre
y vosotros en mí y yo en vosotros.
Juan, 14,20.

Somos uno con Dios, el poder creador, la inteligencia divina, la poderosa energía del universo —o como quieras llamarla—, y por eso podemos hacer magia. No nos olvidemos nunca de esto, nuestro propósito e intención de amor y servicio son los lazos que nos funden con Él.

Con todo mi corazón, amor, respeto y humildad he puesto en este libro todo lo que aprendí, probé y sigo probando con éxito, con la convicción de que entre más personas activen su magia, mejor será el mundo para todos. Acá dejé todo lo que considero relevante, enriquecedor y útil para que crees tu vida ideal. Tienes ya a la mano información contundente, herramientas poderosas y prácticas, y si es necesario lee y relee todas las veces que haga falta, lleva el libro contigo hasta que incorpores en tu consciencia y en tu día a día todo lo que te ayude a lograr tus metas.

Vencer nuestros miedos y barreras para hacer magia y crear nuestra vida ideal es un proceso que arranca con consciencia sobre nosotros mismos, con un deseo profundo de cambio y con una decisión radical. La base para construir lo que queremos no es otro que el amor, empezando por ti mismo y siguiendo hacia los demás.

Encuentra tu propósito que siempre envuelve a otros. Encuentra las creencias limitantes que te han detenido o desviado de tu camino, enfréntalas y destrúyelas. Cámbialas por creencias que te empoderen, activa conscientemente tus poderes del pensamiento y la emoción, entra en coherencia en cada acto de tu vida. Usa la palabra para reafirmarte y no para negarte. Vence tus miedos, que son solo un estado mental que únicamente existe dentro de ti y, por lo tanto, tú mismo puedes cambiarlo. Hazlo con fe y sentido de propósito, toma las decisiones que necesites desde el fondo de tu alma, luego arma tu plan y susténtalo con hábitos magníficos que te empoderen. Medita, aprende todos los días, vive el ahora. Haz lo que sabes que hay que hacer, hazlo siendo la mejor versión de ti mismo. Suelta el control, desapégate del resultado y pégate a la fe.

El amor por ti mismo y por los demás te ayudará a mantener un compromiso contigo y la disciplina. No tengas duda: cada día verás más magia pasar.

Habrá muchos retos a los que te enfrentarás, que tendrás que superar. Vuelve al capítulo del libro que te apoye en estos retos y, como nos recuerda Wayne Dyer, ten muy presente que:

1. **Crear o manifestar no es exigir, ni ponerle fecha y hora a la inteligencia divina.** Esto sería decir que estamos separados de Dios. Recuerda que hacer magia es unirnos a través de nuestra intención, con Dios mismo. El poder creador está es en esa unión, con la que nos conectamos con el poder que todo lo puede y todo lo crea.

2. **Ten fe, certeza absoluta, así podrás tener paciencia infinita.** Si te sientes impaciente, es que no estás teniendo fe suficiente. Si te da ansiedad, es que no estás sintiendo que eres uno con Dios y has olvidado que todo vendrá en el momento correcto. Si no puedes dormir tranquilo, también te falta fe y entrega a Dios. Suelta el control, ten certeza, fe profunda, y así podrás seguir tu vida sin ansiedad. Luego, te sorprenderás increíblemente con el resultado. En el proceso de crear o manifestar conscientemente, solo eres verdaderamente libre cuando eliminas del todo la necesidad del resultado inmediato, con la certeza de que ya lo tienes, aunque aún no lo veas.

3. **No andes contándole a todo el mundo lo que estás creando** con tu magia, pues disiparás tu foco y tu energía. Esa es una tentación que nos pone el ego, pero solo logra diluir nuestro poder creador.

4. **Ojo con tu ego también cuando empieces a ver los resultados de tu magia.** Haces magia no porque seas especial para Dios, sino porque eres uno con él —como lo somos todos— y porque has eliminado todas tus barreras internas. Que tu ego no te engañe haciéndote creer que eres superior o mejor a cualquier otro.

5. **Cuando sientas dudas, porque somos humanos y llegarán mil veces, haz afirmaciones sobre tu unión con la inteligencia superior, con Dios.** Cada vez que las digas, siente en tu corazón la alegría y el agradecimiento porque son verdad y sé consciente de cómo tu cuerpo lo siente. Las afirmaciones te ayudarán a mantener tu foco, tu energía, tu paciencia y tu entrega en fe. Wayne Dyer nos recomienda esta afirmación: "Soy infinito y universal, y confío en el poder divino del universo, que también está dentro de mí". Si te gusta, tómala, pero también crea una con tus propias palabras, que te conecte y te reafirme.

Comparte lo que recibes, con generosidad y desprendimiento total, así reafirmarás que la abundancia es infinita e ilimitada, que vives en ella en total conexión, que la puedes materializar y que es para todos. Con generosidad y servicio a los demás te sentirás conectado con Dios y con el amor universal. Entre más compartas incondicionalmente, más recibirás. También, este flujo es ilimitado. Recuerda que dar es del corazón y no de la billetera, no esperes a ser rico para dar. Tienes ya mucho que compartir. Da un poco más de lo que te sea cómodo, practica la paciencia con tus hijos o sobrinos, con tus padres o compañeros de trabajo, abraza con más amor y con mayor intensidad, sonríe mirando a los ojos a más personas, aumenta las propinas a quien te sirve, así te sentirás más cerca de Dios. Y ojo acá también, da sin esperar reconocimiento para que no caigas en las trampas del ego, sino para que vivas en conexión con la inteligencia divina.

¡Comienza ya! Tú momento mágico es justo ahora. Súbete al *flow* de la magia y todo empezará a fluir en tu vida. Nada te lo impide. Te lo mereces, es un regalo con amor para ti mismo.
Hoy comienzas a reescribir tu historia: ¡Qué la magia se te note!

Los invito a compartir sus historias de magia con otros magos en nuestra página de Facebook:
http://bit.ly/CarolinaAngaritaLa- MagiaSiExiste
y a seguirme en Twitter e Instagram: @caroabu

Les dejo a continuación historias reales de magos reales, justo como todos ustedes, que ocurren todos los días.

Capítulo 11

Testimonios reales de magia del día a día.

Tú mismo produces la magia
Frances Hodgson Burnett, El jardín secreto

Como ya lo saben después de haber leído las páginas preceden-tes, todos hacemos magia todos los días, en mayor o menor grado, y la mayoría de las veces sin ser conscientes de ella, pero magia es magia... Cuando empecé a hablar de la magia en público hubo personas que me dijeron que sabían que la magia era real. Aproveché entonces y les pregunté si querrían compartir algunas de sus historias reales. Acá están.

Ricardo Alberto Corredor
Esta historia me llegó por correo electrónico y conocí a su pro-tagonista solo cuando le pedí autorización para publicarla.

Si la sanación del cuerpo, de la mente o de nuestras relaciones con los demás es magia y si consideras que, incluso inconsciente-mente tenemos la capacidad de ayudar a sanar a otros, entonces vale la pena que comparta esta experiencia personal. El 15 de agosto de 2017 me desperté a las 6:00 de la mañana. Ese día cum-plía 38 años y me encontraba en Ciudad de México por temas de trabajo. Al incorporarme noté que había dormido con las piernas recogidas y tenía una leve molestia muscular justo detrás de las rodillas. La sensación fue aumentando y el viernes 18 de agosto, de regreso a mi casa en Bogotá, se había transformado en dolor. El domingo 20 de agosto era tan fuerte e incapacitante que mi esposa, Gina, tuvo que ayudarme a pararme de la cama. De manera paulatina fue afectándome los talones de Aquiles, los gemelos y los calcáneos. Las plantas de los pies se volvieron rígidas, luego supe que a eso le llaman fascitis plantar.

Estuve varias veces en urgencias y en consultorios de orto-pedistas. Todos coincidían con mis hipótesis iniciales: que debía haber hecho un sobreesfuerzo en la bicicleta, que podía ser es-trés o seguramente por haber dormido aquel día con las piernas recogidas se me habían entumecido. Cada visita médica significa-ba más medicamentos que me aliviaban solo mientras duraba su efecto.

Hace un año me hospitalizaron durante cuatro días para hacerme exámenes más especializados. Me diagnosticaron una especie de artritis: podría ser artritis no reactiva o, peor aún, es-pondilitis anquilosante. Debía hacerme exámenes más detallados y un tratamiento con el reumatólogo.

Al escuchar este diagnóstico vinieron a mi mente las imágenes de mis dos hijos, Martín, de 2 años, y Alejandro, de 5 meses, y sentí amenazado mi sueño de salir a hacer ciclismo juntos cuan-do estuvieran más grandes. Gina estaba conmigo y se mostraba fuerte para no acrecentar mi angustia, pero yo me preguntaba si ella seguiría amando a una persona que no pudiera valerse por sí misma. Esa noche durmió en la clínica, me abrazó muchas veces y no se cansó de repetirme que me amaba, que no le importaba si yo algún día no podía caminar. A Gina la conocí en febrero de 2012 y me impactó la fuerza de su carácter. Después de varias batallas, la convencí de mudarse conmigo en noviembre de ese mismo año.

Lo paradójico es que lo más me atrajo de ella se convirtió en un problema. Todo el tiempo estábamos en desacuerdo. Era como estar una montaña rusa: discutíamos y luego nos arreglábamos, pero estos choques eran tan reiterados que llegamos al punto de querer terminar la relación. La ausencia de empatía y tolerancia no nos dejaba vivir en armonía. Un día, en noviembre de 2015, Martín tenía tres meses de nacido, me fui de la casa. No aguantaba más, sabía que la quería, pero no podía seguir viviendo así. Durante el tiempo que estuve fuera me dediqué a pensar en lo que estaba mal, a buscar la razón por la que habíamos llegado a ese punto y si de verdad había algo por solucionar.

Lo que descubrí me impresionó y aquí inicia la magia de esta historia. Al recordar muchas discusiones y analizar mi manera de reaccionar, noté que, aunque no me parecía mala sí podía haberlo hecho diferente y mejor, eso habría evitado muchas discusiones. Fue un primer momento de transformación. Sospeché que yo era el único responsable de generar lo que quería que pasara en mi vida, que tenía el poder para decidir si quería tener un buen momento con ella o una discusión.

Decidí probar mi teoría y luego de varias charlas volví a la casa a celebrar la noche de las velitas con mi familia. A partir de ese momento mi relación con Gina comenzó a mejorar a pasos agigantados, sobre todo empecé a ser consciente de que lo que pasa en mi interior puede provocar cosas en el exterior. Hasta ese momento creía que mis emociones, sentimientos y consecuencias eran resultado de algo que venía de afuera. ¡Estaba equivocado!

Agendé una cita con la reumatóloga. En su opinión experta, lo mío era una espondilitis anquilosante, pero debía hacerme una cantidad considerable de exámenes para confirmarlo. También me explicó sobre lo que pasaría con mi cuerpo a medida que la enfermedad avanzara y, por supuesto, me prohibió montar en bicicleta. Me practiqué todos los exámenes, muy juicioso, y pedí cita para consulta la primera semana de noviembre.

La depresión comenzaba a afectarme al ver que se me dificultaba caminar y el dolor solo disminuía cuando tomaba los antinflamatorios que me habían recetado. A los compañeros de trabajo que me preguntaban qué tenía, les decía que me había excedido en la bicicleta y estaba afectado por una tendinitis. Gina me llevaba hasta la oficina porque yo no podía manejar y cuidaba a los niños porque yo llegaba del trabajo a recostarme por causa del dolor.

Tuve días realmente difíciles, lloraba a solas al verme en ese estado de manera tan repentina y no comprender nada de lo que estaba pasando. Hasta que una noche todo cambió. A mediados de octubre llamé a mi amigo Juan Carlos para explicarle por qué no había podido tomarme con él el café que habíamos acordado desde agosto. Nos conocimos en 2014. Es un señor de unos 65 años que forma parte del Opus Dei. Es la única persona que he conocido que siendo tan devoto y apegado a sus reglas religiosas nunca me habla de Dios, a menos que yo le pregunte, ni busca convencerme de hacer parte de esa congregación. También es de las pocos que conozco que refleja coherencia entre lo que dice y hace.

Lo llamé un día que me quedé solo en la casa. Tenía mucha tristeza acumulada y quería hablar con alguien que no fuera mi esposa. No recuerdo sus palabras exactas, pero no fueron las típicas frases de consuelo. Me dijo que ofreciera el dolor que sentía en favor de otra persona que necesitara ayuda. Esa noche sucedió algo extraño. Me acosté a dormir, pensé en mi situación y me dije a mí mismo que aceptaba lo que tuviera, que no importaba lo que me dijera el médico. Aceptaba que estaba enfermo y quería entender las enseñanzas de esta experiencia. En ese momento sentí que "algo" me abrazó con mucho amor y enseguida caí dormido. Al otro día me levanté y puedo asegurar que un 80 % del dolor había desaparecido.

Al día siguiente, un amigo cercano me compartió un *podcast* por WhatsApp y lo escuché camino a casa. Un hombre entrevistaba, en un español un tanto difícil, a una tal Carolina Angarita, quien compartía una historia de transformación y espiritualidad. Hablaba de física cuántica y el poder de la sanación, entre otras cosas. Sus palabras fueron música para mis oídos. Investigué en internet sobre física cuántica y cómo este campo está relacionado con la espiritualidad. Leí también, sin parar, *Muero por ser yo*, de Anita Moorjani. ¡Era como una confirmación sobre los cambios que estaba viviendo!

El 27 de octubre viajé a Bucaramanga a visitar a mis padres. Desde que enfermé mi padre me había estado hablando de una señora que hacía terapias de sanación por medio de la liberación de las emociones atrapadas en el cuerpo. ¡Basura! —decía yo— hasta que escuché el *podcast* de Carolina y pensé que tal vez la cosa tenía sentido. Pedí una cita. Fueron tres sesiones y de la última salí caminando sin dolor alguno.

Cuando tuve la cita con la reumatóloga, me confirmó que lo mío era efectivamente una espondilitis anquilosante y que debía someterme a un tratamiento biológico cuyo costo aproximado era de cinco millones de pesos al mes. Ya me importaba poco. El tratamiento no pude iniciarlo de inmediato porque aún debía tomarme el examen de tuberculosis, ya que el medicamento me afectaría el sistema inmunológico. Además, ni las EPS ni las prepagadas, a excepción de Sanitas, lo cubrían, así que tenía que pedir un traslado de EPS para poder hacérmelo. Eso se demoraría hasta diciembre.

En enero de este año volví a ver a la reumatóloga, quería decirle que estaba bien y pedirle que me devolviera los exámenes para conservarlos. La doctora al verme caminar con normalidad me preguntó qué medicamento de los que me había recetado estaba tomando. Le dije que hacía un mes no tomaba ninguno. Se sentó a leer nuevamente mi historia clínica y cada tanto me hacía preguntas: "¿Y ahora cómo se siente?, ¿no siente nada de dolor?". Yo le comentaba que no solo no me dolía nada, sino que había vuelto a usar la bicicleta para ir al trabajo. Tras esta consulta me declaró en remisión.

Octubre de 2017 marcó un antes y un después en mi vida, tres eventos que confluyeron para llevarme a la sanación. Aprendí a no quejarme de las cosas que me pasan, pero sobre todo a no quejarme de las cosas porque la solución está bajo mi control.

Claudia Mejía Acevedo
Una oportunidad de vida

Un día, luego del ir al gimnasio y antes del inicio de una jornada laboral normal, me cambió la agenda un dolor en el área del cuello con signos de inflamación. Llevaba varios días con una molestia y en ese momento se acentuó más de lo que había sentido. Pedí una cita prioritaria esperando el diagnóstico de una inflamación, una faringoamigdalitis o una patología de manejo ambulatorio. Me mandaron un examen, una ecografía de tejidos blandos en las extremidades superiores, y me dieron la cita para hacérmela al día siguiente de la consulta. Me atendió un radiólogo muy amable, —siento que era con él que tenía que estar—, quien me ordenó una tomografía computarizada (TAC) urgente.

—¡Oh, oh...! Esto no está tan simple como creía —, pensé.

Empecé una tanda de exámenes y tuve la fortuna de que la vida puso en mi camino a un grupo de médicos absolutamente comprometidos. El primer resultado de patología confirmó lo que temía: un carcinoma, inicialmente identificado como papilar de tiroides, lo cual no era tan complejo. Pensé que, si necesitaba una cirugía, pese a lo duro que suena el asunto, era mejor que me la hicieran en esa época decembrina pues bajaba la actividad laboral y podría estar más acompañada.

Fui a la cita con el cirujano de cabeza y cuello, a quien le tengo total confianza. Revisó los exámenes y me dijo que no veía muy claramente los vasos, que consideraba que podían estar comprometidos. Empecé otra tanda de exámenes: PET-CT, TAC, angiografías... Después de consultar con varios especialistas, entre ellos cirujanos de tórax y vasculares, la conclusión fue que no me podían operar pues el tamaño de la lesión tenía un gran compromiso vascular y englobaba el tronco braquiocefálico derecho y la carótida común izquierda. Tras una nueva biopsia lo definieron como carcinoma mal diferenciado y ya no había tiempo para más análisis por su gran tamaño. Me invitaron a iniciar radioterapia.

La inicié al día siguiente con una confianza plena de que no podía estar en mejores manos que las de este médico, como profesional, persona y guerrero de vida. Él me llenó de confianza y de esperanza para luchar. Ahí siento que empezó a operar la magia. Los resultados iniciales de la radioterapia no indicaban mayores avances. En un momento, uno de los médicos me dijo que me preparara porque no había muchas esperanzas. Tenía dos opciones: grabar en mi cuerpo ese comentario de aceptar un rápido desenlace o pensar que mientras tuviera vida estaba todo por hacer. Esta fue la opción que tomé.

Por eso, cada vez que en cualquier circunstancia de vida y aún más en la práctica médica escucho la frase "no se puede hacer nada", siento unas ganas inmensas de gritarle al mundo el gran poder que tenemos, cada uno de nosotros. No es que desconozca la importancia de la evolución en la medicina y de los médicos que cada vez más plantean diversas posibilidades de manejo terapéutico dentro de las prácticas alopáticas, homeopáticas, integrativas, pero creo que lo importante es ofrecer un rayo de luz de esperanza. Afortunadamente, mi práctica laboral me ha permitido ofrecer ese rayo de luz a algunos pacientes para los cuales "ya no había nada que hacer".

Inició en mi vida un proceso en el que se combinaron el miedo y la incertidumbre con las ganas de batallar. Durante el tiempo de mi radioterapia me dediqué a cuidarme para tolerarla lo mejor posible, con la seguridad absoluta que iba a obtener los mejores resultados. Sabía incluso que existía la probabilidad de que la radiación exacerbara el proceso. Asistí cumplidamente a las sesiones, de lunes a viernes, con un acompañamiento constante de familiares y amigos; me cuidé la piel todo el tiempo para que la quemadura no pasara de primer grado; hice dieta líquida y fría; me hidraté constantemente porque la radiación quema por fuera y por dentro, lo que produce un gran malestar y ardor al consumir alimentos.

Intensifiqué mis momentos de meditación diarios, en los cuales recibo la luz sanadora del amor universal. Me sentaba en una posición cómoda, con los ojos cerrados, con música suave de fondo, controlando la respiración; llevaba cada aspiración hacia el sitio de la lesión, la contenía por unos segundos y visualizaba una luz blanca que llenaba el sitio de amor. Luego llevaba la respiración a cada parte del cuerpo para protegerlo de la agresión externa que había recibido. Durante las sesiones de la radioterapia imaginaba que era la luz de Dios la que entraba en mi cuerpo en un proceso sanador. Recibía las oraciones y los buenos deseos de todos mis conocidos y sentía esa magia que se desprende cuando se unían el amor de Dios con el amor sanador que me enviaban. Es hasta allá donde la ciencia no llega.

Mi conocimiento sobre *neuromanagement* me permitió crear en mi cerebro nuevas rutas de información de sanación, bienestar, mejoría diaria, fortaleza, visualización de futuro, al tiempo que daba instrucciones para estimular la regeneración de células para el restablecimiento del funcionamiento normal del cuerpo. Todo esto sin dejar de reconocer la presencia del miedo, el cual también ayuda si se controla porque es ese estrés el que te lleva a diseñar un plan estratégico de supervivencia.

La magia se hizo presente en muchos momentos. Uno de ellos fue cuando mi esófago ya estaba muy lacerado por la radioterapia y yo pensaba que ya no iba a poder con la alimentación natural. En la meditación le pedí a Dios que me diera la fuerza necesaria para continuar, aceptaba el proceso con amor y aprendizaje, pero sin su ayuda estaba viendo difícil seguir. Esa misma noche empezó a disminuir el dolor y logré terminar la terapia sin necesidad de utilizar sonda para la alimentación.

A medida que fueron pasando las radioterapias, la lesión disminuyó de tamaño de una manera absolutamente sorprendente. No necesité quimioterapia ni cirugía y sigo solo en observación con TAC y PET-CT. Durante el proceso continué con mi gestión laboral, a mi ritmo. Las reuniones con mi socia las hacíamos en mi casa. Quería transmitirle a mi cuerpo y a mi mente el mensaje que la vida seguía y el futuro me esperaba para consolidar mis proyectos.

Para concluir comparto el mensaje que envié a las personas que me acompañaron en este proceso:

El día de hoy me acompaña una cicatriz, casualmente en un lugar cercano a ese sitio que tenemos identificado en el que se encuentra el alma y que, además, está cerca del corazón... cicatriz indeleble por la gran enseñanza de vida que permanecerá por siempre.

En ese lugar en el que tenía una lesión que comprometía mi vida, hoy, meses después, solo quedan residuos y cicatrices de un proceso que me permitió en vida conocer y sentir el poder de Dios. Cuando se confía y se cuenta con el amor y la fuerza de la unión de los seres humanos, porque eso, que para la ciencia no tiene lógica, nos mueve el piso y nos enseña que más allá de nuestros ojos y nuestras propias limitaciones existe un poder inmenso que muchas veces desconocemos y es cuando toma más fuerza creer en esa magia que hace posible lo imposible.

Cada gesto de aprecio lo acogí en el alma con mucho amor, amor que sana, amor que reconforta, amor que acompaña... Asimismo siempre lo devolvía en bendiciones para ustedes.

Hoy simplemente quiero decir ¡GRACIAS A LA VIDA!

Quedan varias preguntas: ¿por qué? ¿Para qué? ¿Qué debo modificar? ¿Qué debo aprender? ¿Cómo puedo ayudar a otros? Y, los más importante, ¡actuar!

Lila Jaramillo
La magia en mi vida

La existencia de la magia depende de la definición que cada persona tenga de ella. En mi vida apareció así. Estuve sumida en la más profunda depresión trece años, tomaba tres pastillas antidepresivas diarias. Era una persona triste e incapaz de resolver mis problemas, era económicamente inestable, tenía baja autoestima y sobrepeso, una hernia cervical dolorosísima, había olvidados mis metas, mis sueños, mis ilusiones, no tenía trabajo ni proyectos, no me provocaba salir, ya nadie me invitaba, me desconecté de todos mis amigos/as y familiares... Y lo peor de todo fue cuando me empezaron los ataques de pánico —¡Que no le deseo a nadie! —.

El tiempo pasaba. Mientras yo enfurecida gritaba las injusticias que me rodeaban, en la oscuridad de mi cuarto, olvidaba levantar la mirada a la luz para atraer la magia. Sin embargo, entre lágrimas y con las pocas fuerzas que tenía empecé a rezarle a la Virgen María ¡con mucho fervor! Pidiéndole que me sacara de ese hueco oscuro y frío. Y un par de meses después la respuesta llegó de una forma inesperada, mágica

Un día me desperté sintiendo dentro de mí una *gran fuerza*. Me levanté de la cama, abrí las cortinas y las ventanas por completo para que entrara el sol, me bañé con agua fría. Luego, con una determinación férrea, me miré a los ojos en el espejo y me dije a mí misma que a partir de ese momento no iba a aceptar ni un segundo más que la depresión manipulara mi vida. Me dije, que era yo quien estaba a cargo de mis decisiones, que tenía la fuerza de Dios y de la Virgencita en mi vida y que nada ni nadie me podía hacer daño. Ese día tomé la decisión de no utilizar más los medicamentos antidepresivos. A partir de entonces empecé a experimentar "sucesos extraordinarios" a las que hoy llamo magia.

Fui capaz de recordar aquello que en mis épocas felices había alimentado mi alma: ¡La música! La magia de la música me salvó.

Me reencontré conmigo misma, me empoderé, me llené de música y exploté mi talento al máximo. ¡Soy inmensamente feliz! Cuando creí en mí, recordé mis habilidades, mi don y talento musical. Cuando por fin vi mi belleza interior —en vez de buscar siempre la aprobación externa— se me abrió un mundo de posibilidades infinitas.

Empecé también a percibir la magia simple y maravillosa que me rodeaba diariamente. Todos los síntomas mencionados anteriormente fueron desapareciendo para dar vida a una nueva serie de milagros, uno tras otro, como si se empezara a confabular todo el universo para que mi vida cambiara. No alcanzo a enumerar en este escrito todo lo sucedido, pero indiscutiblemente fue "magia" y era yo quien tenía la capacidad de activarla, de atraerla a mi vida.

Ocho años han pasado desde ese momento y hoy puedo mirar a mi alrededor y reconocer los signos de amor que me rodean. *Es que la magia es la expresión del amor.* Hoy sé que todo aquello que despierta esa emoción en mí tiene la posibilidad de efectuar un cambio positivo en mi vida y de transformar mi percepción de las cosas.

La magia existe y empieza a manifestarse aún en las cosas sencillas. ¿Qué me dices del sol? ¿De las flores? ¿El cantar de los pájaros? No es una fantasía. El amor está en cada detalle, en cada abrazo, en cada corazón y es allí cuando solo queda entregarse a la gratitud. Entendí que la llave para retomar la vida es la magia que se encuentra dentro de mí, que consiste primero y antes que cualquier otra cosa en ser honesta conmigo misma.

Quiero terminar este relato diciendo que la existencia del mundo espiritual es para mí una realidad. Practico en mi vida diaria para sintonizarme con este y sentir el amor hacia todo lo que me rodea. Es algo recíproco. Dios está en mí. Yo soy su chispa divina. Resumiéndolo en tres palabras diría que: *Magia = Amor = Dios.*

Doy testimonio que la magia existe porque hoy el milagro
¡Soy Yo!

Alejandro Gómez Upegui

Desde pequeño me encantaba el arte, la pintura, la escultura y la fotografía. Cuando visitaba algunos amigos del colegio a
veces me encontraba con que sus padres coleccionaban arte. En
este momento me acuerdo perfectamente de las obras que tenían.
Más adelante, cuando empecé a trabajar, tuve el gusto de comenzar a adquirir y conformar una colección de pintura y escultura.
¡Y tengo una fórmula infalible para conseguir obras que me ha
funcionado a las mil maravillas! Se trata de visualizar y desear
firmemente lo que quiero.

Primero comienzo estudiando al artista que quisiera tener,
busco en internet, veo imágenes, compro libros, investigo sobre
su vida y luego deseo profundamente, de manera natural, adquirir
alguna de sus creaciones. Y las cosas aparecen. Lo que uno visualiza deseándolo profundamente con agradecimiento, de manera
sincera y sin ningún tipo de pretensión, la vida se lo regala.

Este es mi relato de una de las obras más preciadas que he
atraído con la magia.

Hace 13 años, un año más, un año menos, caminaba de mi
casa hasta mi oficina y pasaba por una galería de arte. De vez en
cuando paraba a hacerle visita al galerista. Él muy querido mi
invitaba a un café, hablábamos de arte y veía las exposiciones que
tenía.

En esa época recuerdo que estaba enamorado de la pintura de
una artista colombiana. Comencé a estudiar su obra, a ver libros
e imágenes en internet y tiempo después pude adquirir una seri-
grafía que reconocí en un anticuario. Siempre tuve en la cabeza la
idea de adquirir un cuadro o un dibujo de esa maestra. Finalmente
lo encontré y se lo negocié al enmarcador que lo tenía. Pero, en mi

cabeza seguía pensando que quería tener un cuadro de la artista. Lo visualizaba y lo deseaba profundamente...

Un día entré a hacerle la visita acostumbrada a mi amigo galerista y me senté en frente de él y ¡qué sorpresa! El cuadro que tanto había deseado estaba justo ahí, óleo sobre tela del año 1967. ¡Fue amor a primera vista! Le pregunté dónde lo había encontrado y me dijo que el cuadro era de la colección de arte de un banco que lo había rematado.

Muy interesado le pregunté cuál era el costo. Él me dio un precio, pero yo no tenía ese dinero. Le dije lo primero que se me ocurrió: que me aceptara un trueque por una obra de otro artista, del que tenía dos cuadros, y el pago de módicas sumas mensuales durante cinco meses. Contra todos los pronósticos, el galerista aceptó la propuesta y me llevé la obra para mi casa. ¡No podía creerlo! Estaba muy feliz y muy agradecido con la vida por haberme dado este regalo. ¡Fue obra de la magia!

Iván Charria

Esta historia le puede pasar a cualquier persona, de hecho, pienso que a una gran mayoría de trabajadores colombianos les ha pasado. El punto está en cómo a través de la magia de la vida podemos seguir adelante después de recibir duros golpes y pasar momentos de sufrimiento en los que uno piensa que la vida se acabó, pero después de un "tiempo justo" y, aunque parezca increíble, todo puede llegar a estar mucho mejor que antes.

Hace cuatro años estaba sentado en mi oficina, la que habíamos tomado mi esposa y yo en arriendo doce años atrás, con el sueño de poner a producir nuestra propia empresa, pero que por mis ocupaciones en una empresa de televisión en la que trabajé por más de veinte años, habíamos dejado relegada. Estábamos bastante cómodos con mi salario mensual. En ese momento esta oficina era el único lugar que tenía para pensar en mi futuro después de que la empresa para la que trabajaba decidió prescindir de mis servicios.

Estaba desesperado, con esposa, dos hijos y deudas por montones, no sabía qué hacer. En mi mente el único pensamiento que tenía era que debía conseguir el dinero para el mes siguiente y no había de dónde. No se imaginan el grado de impotencia frente a esta situación. He escuchado de muchos casos en los que la falta de dinero lleva a los matrimonios casi al colapso, pero en mi caso sucedió lo contrario. Yo creo que mi esposa está en mi vida por un designio mágico. Duramos diez años de novios y ahora llevamos veinte años más de matrimonio, ya son treinta años juntos. Y ese momento difícil no iba a ser el motivo para que dejáramos de estarlo, por el contrario, nos unimos mucho más y eso también es magia.

Pasados dos meses de mi despido recibí una llamada inesperada: era de una agencia de publicidad. Me querían como imagen para una campaña y tendría contrato por un año. ¿Pueden creerlo? Durante todos los años que estuve en televisión jamás me llamaron para ninguna campaña y justo ahora que no estaba en pantalla y en el momento en que lo necesitaba más que nunca, me llamaron. ¡Fue realmente mágico!

Durante este tiempo estuvimos trabajando con mi esposa en diferentes estrategias comerciales para ofrecer nuestros servicios de producción audiovisual. Yo no tenía ni idea de vender u ofrecer servicios a clientes, pero con la ayuda de ella aprendí y es lo que hago hoy con las diferentes líneas de nuestra empresa.

Ahora reflexiono y me doy cuenta de que mi vida ha estado llena de momentos mágicos. Hace dieciséis años, por ejemplo, cuando era coordinador de estudio e iba a retirarme de la televisión, la vicepresidenta de programación de la empresa en donde trabajaba creyó en mí y en los proyectos que presenté. Después de dos años de un largo trámite se hicieron realidad y de coordinador me convertí en creador y director de mis propios programas. ¡Ese brinco no lo hace nadie! ¡Mágico! O poder decir que a pesar de todas las dificultades que superamos, en la actualidad en la empresa contamos con tres personas que nos colaboran y con lo cual nos sentimos orgullosos y sobre todo bendecidos, ya que podemos contribuir con el bienestar de estas tres familias. ¡Mágico!

La base de toda esta experiencia de vida se basa en el amor por lo que hacemos, por nuestra familia, por los amigos, por la gente con la que trabajamos, por el país. Si en algún momento pedimos que nuestra empresa creciera fue el duro golpe el que nos hizo despertar para iniciar este sueño que teníamos. Y lo estamos logrando, solo con magia. ¡La magia de Dios!

Marcela Londoño

De que la magia sí existe no me queda la menor duda. Esta es mi convicción después de comprobar a lo largo de mi vida una y otra vez la maravilla de manifestar sueños increíbles, muchos de los cuales parecían inalcanzables. ¿Cómo se vuelven tangibles los deseos? No tengo ni idea... Pero la forma en que esto sucede es tan asombrosa que de verdad es magia. Es algo que he aprendido, al principio tal vez de manera intuitiva, aunque inconscientemen- te, y con el paso de los años cada vez más conscientemente. De acuerdo con mi experiencia, en mis actos de magia para convertir lo invisible en visible, han estado presentes al menos cuatro ingre- dientes de manera consistente:

- Purificar el deseo: con esto me refiero a reconocer que es desde "allá arriba", desde el espíritu, que se gestan las cosas. Nuestro ego a menudo no sabe lo que desea y mucho menos cómo lograrlo. En cambio, el espíritu, la voluntad divina, sabe exactamente qué es lo que más nos conviene y, lo más importante, cómo manifestarlo, cómo ordenar los acontecimientos para que ocurran las sincronicidades y todo encaje en el tiempo perfecto. Se purifica el deseo orando, es decir, hablando con Dios, y meditando, o sea escuchándolo con el corazón. Así descubrimos de dónde viene ese impulso poderoso de voluntad que es nuestro deseo: siempre desde el amor. Es Dios el que actúa, y hay que identificarse con esta causa prístina.

- Vivir en gratitud: adoptar la gratitud como forma de vida es el antídoto perfecto contra los pensamientos negativos que sabotean la realización de nuestros sueños. Un día decidí conscientemente dejar el hábito de quejarme por todo porque sí y lo reemplacé por el hábito de agradecer por absolutamente todo porque sí; no solo por lo que la vida nos ha dado, sino por lo que aún está por llegar.

- El poder del decreto: decretar es declarar, y sentir, con convicción que lo que decimos es verdad. Lo que decretamos como verdad en algún momento se materializa en el mundo físico. Por eso es tan importante tener conciencia de lo que pensamos y creemos, y qué emociones o miedos alimentamos. A partir de ahí tenemos la opción de crear una pesadilla o un sueño hermoso.

- El poder del desapego: al decretar nuestros deseos, cuando ya hemos hecho todo lo que había que hacer de nuestra parte, hay que soltar, confiar y olvidar. Esta es una de las partes más importantes de la magia, y quizás la razón por la cual no nos funciona. Aferrarnos al deseo, pedirlo repetidamente, es como abrir la puerta del horno cada minuto para verificar si ya está listo el pastel: lo que logramos de esta manera es arruinarlo. La clave está en delegarle el deseo purificado a la divinidad, desentenderse del proceso, e incluso dejar de desear. Así opera la magia.

Podría llenar páginas con mi testimonio de los incontables eventos de magia en mi vida, pero basta con resumir un par de los que considero más significativos.

Desde que era una niña y visité Gran Bretaña por primera vez, sentí una conexión tremendamente poderosa con ese país. Soñaba con vivir ahí, aunque no sabía cómo lo iba a lograr. Cuando me gradué de la universidad en Bogotá, mi sueño seguía más presente que nunca. Mi deseo era tal que un día me atreví a candidatizarme para una beca, a sabiendas de que era una de las más prestigiosas y competidas, para estudiar un posgrado allá. Dichosamente clasifiqué para la entrevista, pero no me la gané para mi gran decepción. Pese a mi frustración, resolví volverlo a intentar al siguiente año, de nuevo sin éxito. Recuerdo que solía quedarme dormida pensando en lo absolutamente feliz que me sentiría de estudiar en ese país; fantaseaba con cosas como estar en clase escuchando los profesores hablando en su agradable acento británico. En medio de mi somnolencia me decía, decretaba: Quiero irme a Gran Bretaña. ¡Merezco irme a estudiar allá becada con todas las de la ley! Me presenté a la beca otro año y luego otro y uno más... pero nada. Por más que insistía, siempre me faltaba un centavo para el peso.

Al año siguiente me ofrecieron un trabajo maravilloso y volqué casi toda mi atención en este. Tan así que hasta se me olvidó el tema de la beca, pero una amiga me lo recordó cuando estaban a punto de cerrarse las inscripciones y a último minuto mandé mis papeles. Pero para ese entonces incluso ya estaba pensando en otras opciones. No es que me hubiera dado por vencida, pero sí dije: Ya hice todo lo que pude, que sea lo que Dios quiera. Me entregué a la voluntad divina y me desentendí totalmente del asunto.

Fue ahí cuando se hizo la magia. Todavía se me hace un nudo en la garganta cuando evoco el instante meses después, cuando ya ni me acordaba, en el que mi exjefa me llamó el día de mi cumpleaños y me dijo: "Me acaban de llamar de la embajada para anunciarme que te ganaste la beca... ¡Feliz cumpleaños!". No solo me fui a estudiar becada a Gran Bretaña, sino que, mejor aún, logré que me aceptaran en una de las mejores universidades del país y del mundo.

El otro evento de magia que quiero compartir es reciente, aunque en realidad tiene su historia. Años después de mi feliz experiencia estudiando, tuve la dicha de manifestar el sueño de volver a Inglaterra, esta vez para trabajar en una compañía. Lo que admito que no había ni imaginado era que algún día iba a poder comprar un apartamento allá por cuenta propia. Cuando supe que había reunido dinero suficiente para un depósito, entendí que era un sueño posible. Poniendo en práctica mis aprendizajes de maga, purifiqué mi deseo y le oré a Dios para que me ayudara a encontrar mi hogar perfecto. Deseaba profundamente un lugar rodeado de belleza y naturaleza, en donde pudiera tener una vida de armonía y continua expansión, y que me permitiera acoger con amor a mi familia, a viejos y nuevos amigos. Una vez más le confié la tarea a la inteligencia creadora divina.

Durante meses busqué por varias áreas de Londres sin que ningún lugar resonara conmigo. Una noche me fui a comer con un amigo a quien llamo "mi ángel mensajero del cielo" porque, aunque no nos vemos muy a menudo, cada vez que aparece dice algo que tengo que oír. Hablando de mi búsqueda de hogar me mostró un área en el mapa y me preguntó: "¿Has pensado buscar por este sector?" Yo le dije que de hecho sí lo conocía y sabía lo lindo que era, pues después de graduarme de la universidad había vivido con unos amigos no muy lejos de allí por un tiempo. Pero nunca lo había considerado porque no creía que estuviera en mi presupuesto. Mi amigo me contestó que claro que sí lo estaba y me mostró varios anuncios con propiedades dentro de mi presupuesto. No sé por qué, pero me dijo: "Ese lugar tiene tu nombre escrito por todas partes."

Un día caluroso y soleado de verano decidí irme en mi bicicleta y darme una vuelta por esa área. Llegué por un caminito en la ribera del río y de repente se me puso la piel de gallina. Recordé vívidamente que exactamente hacía quince años, en una tarde de verano como esta, había estado precisamente en ese punto y me había detenido a contemplar la belleza del entorno exclamando con emoción: "Ah, ¡qué hermoso esto! Qué fantasía sería vivir aquí". Ahí dejé la idea, revoloteando en el aire. Entonces lo sentí: supe que era ahí donde tenía que buscar mi hogar perfecto. El universo conspiró para que unos meses después alguien pusiera a la venta un apartamento que yo pudiera comprar. En este momento estoy escribiendo esto en mi nuevo hogar, en un edificio moderno que todavía no existía hace quince años. Pero mi espíritu siempre supo que ahí había un lugar reservado para mí.

El gran regalo de la magia no se queda en manifestar todo lo que deseamos; es esa paz interior que vamos alcanzando y la certeza que nos transmite el saber que, cuando aprendemos a usar nuestro sorprendente poder interior, en conexión con el cielo y dejándonos guiar por la infinita sabiduría de Dios (o la inteligencia creadora, el universo, o como queramos llamarlo), podemos materializar cualquier noble propósito imaginable.

Printed in Great Britain
by Amazon